JAN ASCHEN

ÜBERLEBEN UNTER 1,3 MILLIARDEN IRREN

DER ALLTÄGLICHE WAHNSINN IN CHINA

WILHELM HEYNE VERLAG
MÜNCHEN

Verlagsgruppe Random House FSC© N001967
Das für dieses Buch verwendete
FSC©-zertifizierte Papier *Holmen Book Cream*
liefert Holmen Paper, Hallstavik, Schweden.

Originalausgabe 3/2014
Copyright © 2014
by Wilhelm Heyne Verlag, München,
in der Verlagsgruppe Random House GmbH
Redaktion: Dr. Annalisa Viviani, München
Umschlaggestaltung: Büro Überland, München,
unter Verwendung eines Fotos
von getty images / IMAGEMORE Co, Ltd.
Satz: C. Schaber Datentechnik, Wels
Druck und Bindung: GGP Media GmbH, Pößneck
Printed in Germany 2014

ISBN: 978-3-453-60277-9

www.heyne.de

Für Schnocki

Inhalt

TEIL 1
»IST DAS TOLL HIER!«

TEIL 2

»HABT IHR SIE EIGENTLICH NOCH ALLE?«

TEIL 3

»DROLLIG«

TEIL 4
»ZURÜCKGEHEN WIRD SCHWIERIG«

Vorwort

Zu Vorworten habe ich ein zwiespältiges Verhältnis. Zum einen will man ein Buch ja vollständig lesen und nachvollziehen, was sich der Autor so alles dabei gedacht hat. Andererseits sind die meisten Vorworte entweder reine Selbstbeweihräucherung oder eine sinnfreie überflüssige Aufzählung von Menschen, die einem weder bekannt noch wichtig sind. Oft scheint es dem Autor selbst auch nicht anders zu gehen.

Ich habe daher bisher immer versucht, Vorworte gar nicht erst zu lesen. Gelingt mir aber nicht immer. Manchmal habe ich es schon fast bis zum Ende des Buches geschafft, nur um dann schuldbeflissen doch noch den Prolog zu lesen. Ich habe sonst ein schlechtes Gewissen. Als würde ich einen wichtigen Teil weglassen. Ich warte aber bis heute darauf, dass mir ein lesenswertes Vorwort begegnet. Vielleicht geht es anderen ja ähnlich.

Wer es also bis hierhin geschafft hat, lieber Leser: Auch in diesem Vorwort ist nichts wirklich Wichtiges zu finden. Jedenfalls nicht für Sie. Ich möchte mich hier wirklich einfach nur bedanken:

Bei meiner wundervollen Frau, die nicht nur mich und damit viele Unzulänglichkeiten ertragen muss, sondern dies auch immer noch mit einem Lächeln im Gesicht tut. Ich kann nicht mal beginnen zu vermuten, wie viel Kraft es kosten muss zu lächeln, wenn das

Schnarchen des Gatten lauter ist als die Anflugschneise, oder wie es sich anfühlt, mit jemandem verheiratet zu sein, der weder Kurz- noch Langzeitgedächtnis besitzt. So viel weiß ich: Ich liebe dich.

Bei Mütterchen, Väterchen, dem Bruder und Puppi, die ich wegen China in drei Jahren zwar nicht live gesehen habe, die aber dank Skype öfter bei mir waren, als lebte ich um die Ecke. Und wer sonst kann die Telefonseelsorge und Comedy-Schreiber seine Familie nennen? Ihr fehlt sehr.

Bei Clemens im Besonderen für das beste Brüdergespann seit Oasis und den Gebrüdern Wright. Obwohl wir beide weder singen noch fliegen können.

Bei Christine, dafür, die beste Schwiegermutter zu sein, die ich mir vorstellen könnte.

Bei unseren Freunden in Schanghai: Christian, Martin, Lars, Kati, Andreas, Resi, Volker, Veronika, Geraldine, Stefan und Sascha – ihr seid zwar Gift für meine Leber, aber das, was Schanghai wirklich liebenswert macht.

Bei Jessica Hein vom Heyne Verlag für das professionellste und netteste Lektorat auf dem Planeten und die Engelsgeduld, es auch mit stark eingeschränkter Kommunikation in China aufzunehmen.

Bei Lars, Sami und Tilo – für den aufrichtigen Versuch, irgendwann bestimmt mal nach Schanghai zu kommen. Danke, dass ihr immer an einen Platz für mich denkt.

Und nicht zuletzt natürlich bei dir, China. Dafür, dass ich noch nicht einen Moment der Langeweile erlebt habe. Dafür, dass ich viele Momente der Sprachlosigkeit erlebt habe. Dafür, dass ich bis heute nicht sagen kann, ob das Land wahnsinnig oder wunderbar ist.

Danke für Nahtoderfahrungen, Lebensmittelvergiftungen und dafür, ein paar der unmöglichsten Menschen der Welt kennengelernt haben zu dürfen.

Danke für traumhaft schöne Momente, Gastfreundlichkeit, das beste Essen der Welt, Leben auf der Überholspur und dafür, viele der wunderbarsten Menschen der Welt kennengelernt haben zu dürfen.

Danke, dass ich hier leben darf.

Auftakt

Schockt mich

Eine amerikanische Psychologin, mit dem fantastisch nach Porno klingenden Namen Cora DuBois, hat 1951 den wundervollen Begriff »Kulturschock« geprägt. Ihrer und der Ansicht vieler anderer Experten nach verläuft die Anpassung an eine neue Kultur in verschiedenen, immer ähnlichen Phasen – lediglich deren Länge ist individuell verschieden:

1. *Honeymoon*
Alles ist neu, alles ist wunderbar, man ist voller Euphorie und betrachtet alles Andersartige als reines Geschenk. Selbst Live-Schlachtungen an der Straßenecke sind irgendwie aufregend.

2. *Krise*
Der Putz bröckelt. Man erkennt, dass eben doch nicht alles ideal und wundervoll ist an der neuen Kultur, sondern eben vor allem anders.

Meist geht das mit der Überhöhung der eigenen Kultur einher. Zu Hause ist alles besser, zu Hause würde das so nicht passieren. Live-Schlachtungen an der Straßenecke sind einfach nur widerlich.

3. *Erholung*
So etwas wie Verständnis setzt ein. Man akzeptiert, dass manche Dinge eben einfach anders sind als zu Hause und versucht, sie zu verstehen.

Live-Schlachtungen an der Straßenecke sind immer noch widerlich, aber man muss Verständnis dafür haben.

4. *Anpassung*
Die neue Kultur hat einen selbst verändert. Man ist weitgehend integriert und übernimmt sogar partiell neue Verhaltensweisen.

Für ein paar Hühnerspieße braucht man doch nicht extra in den Supermarkt zu gehen. Es gibt doch Live-Schlachtungen an der Straßenecke.

Ich war immer fest davon überzeugt, Kulturschock selbst gar nicht zu kennen. Mich in den letzten drei Jahren nahtlos in China integriert zu haben. Ein wahrer Kosmopolit in Schanghai. Rückblickend muss ich wohl sagen: Nö.

Auch meine Frau und ich haben einen Prozess der kulturellen Anpassung durchlebt. Genau wie alle anderen auch. Trotzdem würde ich Frau DuBois nicht vorbehaltlos zustimmen. Zumindest nicht in China. Hier erlebt man den Kulturschock an einem einzigen Tag: Euphorie am Morgen, Mordgelüste am Mittag, Weglächeln am Nachmittag und Schulterzucken am Abend.

Dieses Buch ist das Ergebnis meines Versuchs, zu begreifen, wie China denn nun eigentlich ist. Und wie ich es denn selbst überhaupt finde.

Weltweit streiten sich die Geister, was China angeht: Ist es das großartigste Land der Erde, dem man nur atemlos und bewundernd zusehen kann, oder Heimat von 1,3 Milliarden Irren, die sich alle sehr ähnlich sehen?

Unter den Expats (Kurzform für Expatriaten, das heißt Menschen, die für eine gewisse Zeit in der Fremde leben) in Schanghai sieht es auch nicht anders aus: Die einen möchten den ganzen Tag jubeln und finden alles total klasse, die anderen erfragen schon mal die Maximalstrafe für einen Axtmord in China.

Nach drei Jahren in China weiß ich es selbst immer noch nicht. Aber ich habe durch meine Aufzeichnungen erkannt, dass auch wir einen Kulturschock erlebt und uns verändert haben. Mein eigener, ganz persönlicher Anpassungsprozess verlief rückblickend etwa so:

1. »Ist das toll hier.«
2. »Habt ihr sie eigentlich noch alle?«
3. »Drollig.«
4. »Zurückgehen wird schwierig.«

Ich habe trotz allem noch nicht einen Tag bereut, nach China gezogen zu sein. Im Gegenteil.

Ein Teil der Beiträge in diesem Buch stammt ursprünglich von meinem Blog, auf dem ich online versuche nachzuvollziehen, wie ich China insgesamt finde, und sind im Rückblick wohl auch ein Ausdruck meiner kulturellen Anpassung. Oder des Gegenteils dessen.

Zeitliche Bezüge habe ich für dieses Buch zu vermeiden versucht. Gelungen ist mir das nicht immer. Sollte es hin und wieder mal einen zeitlichen Sprung geben, so ist das ausnahmsweise kein Zeichen von Vertrottelung, sondern dem nachträglichen Sortieren von Gedanken geschuldet. Die sind oft auch so schon wirr genug.

Insidersprache

Mir ist es das erste Mal beim Telefonat mit meinen Freunden in Deutschland aufgefallen: Es gibt ein Expat-Vokabular. Begriffe und Worte, die jeder kennt, der auch nur einen Monat hier gelebt hat, die sich einem aber nicht zwangsläufig von selbst erschließen. Wer je unter Westlern in Schanghai untertauchen möchte, muss Folgendes wissen:

Pudong und Puxi: Neu- und Alt-Schanghai, getrennt durch den Fluss Huangpu. Pudong bedeutet das neue Schanghai und damit viel Platz und viele Hochhäuser. Puxi bedeutet etwas mehr Authentizität und das alte Schanghai. Expats hier führen Glaubenskriege über die Vorteile der jeweiligen Stadtseiten in einer Intensität, der Dortmund und Gelsenkirchen wie Schwesterstädte scheinen lässt.

Laowai ist die Bezeichnung für Ausländer in China. Heißt so viel wie »alter Fremder«. Es ist nicht wirklich eine Beleidigung, aber auch nicht immer nett gemeint.

Expat ist die westliche Kurzform für »Wir haben Spaß im Ausland«. Es handelt sich um Westler, die im Ausland arbeiten. Expatriats bedeutet »Entsendete«.

Ayi: »Tantchen« auf Chinesisch, das Hausmädchen, die Perle (und unsere ist einfach toll). Das ist weitaus weniger Kolonialherrentum als es sich anhört.

Qingpu, Hongqiao, Luwan – Stadtteile von Schanghai.

Guanxi: persönliches Netzwerk und wichtig für alle Lebensbereiche. Nepotismus, Klüngel.

TEIL 1

»IST DAS TOLL HIER!«

Schanghai wirkt

Wenn man wie wir beschließt, seinen Lebensmittelpunkt nach China zu verlegen, tut man gut daran, sich vorher genau zu informieren, alles exakt zu planen und nichts dem Zufall zu überlassen, man zieht schließlich auf die andere Seite des Planeten. Also exakt das Gegenteil dessen, wie wir unseren Umzug geplant haben.

Als wir das erste Mal in unsere neue Heimatstadt fuhren, hatte ich dort zuvor vier Tage in ein paar Meetings verbracht und drei Restaurants von innen gesehen. Meine Frau hatte nicht einmal das. Sie kannte Schanghai nur von Fotos. Natürlich nur den vorteilhaften. Unser Kenntnisstand von Schanghai und dem Leben in China war auf einer Ebene mit dem von Austernzucht. Null.

Wenn man das erste Mal vom Flughafen in die Stadt fährt, fällt einem neben der Tatsache, dass Chinesisch keine leicht zugängliche Sprache ist, als Erstes auf, wie entsetzlich hässlich die Stadt ist. Sogar an guten Tagen hat Schanghai in etwa so viel Charme wie Bitterfeld an schlechten. Und das ist noch ein Kompliment an Bitterfeld. Unser erster Tag in der Stadt beginnt um 7.00 Uhr morgens. Was schon ohne Jetlag nicht gerade meine Lieblingstageszeit ist. Wenn ich müde bin, werde ich ein wenig ungeduldig. Weshalb China wohl der Ansicht war, mir gleich mal eine Lektion in Geduld zu erteilen.

Während meines Vorstellungsgesprächs beim ersten Besuch hatte man mich in dem wundervollen Radisson Blu Xing Guo Plaza Hotel in der French Concession untergebracht. Westlicher Standard mit riesigem Zimmer, inmitten eines wundervollen Parks. Ich wiegte mich daher in der Hoffnung, dass das angekündigte Luxushotel für unsere ersten Wochen, in denen wir ein Haus suchten, ein Ort der Glückseligkeit und Oase im Großstadtdschungel sei. Für jemanden, der in der Werbung arbeitet, ist es unfassbar peinlich, auf Werbeversprechen reinzufallen.

Unsere temporäre Bleibe ist das Rayfont Celebrity Hotel & Apartments. Das allein hätte eigentlich schon stutzig machen sollen. Zwar ist ein Zimmer reserviert, es ist aber erst nachmittags fertig. Mit Glück. Keine Jubelnachricht, wenn man einfach nur schlafen will. Kurze Zeit später bekomme ich meine ersten Lektionen für das Leben in China.

Die Dame am Empfang möchte umgerechnet 1500 Euro Kaution für die reservierten vier Wochen haben. Ich habe 2000 RMB (etwa 240 EUR) bei mir.

Der Versuch, bei der Bank um die Ecke Geld mit unserer EC-Karte abzuheben scheitert. Gut, dass wir alle unsere anderen Kreditkarten in Deutschland schon mal gekündigt hatten. Wir sind nicht ganz mittellos nach China gereist, dann müssen wir eben Bargeld tauschen. Auch dieser Versuch ist kein Riesenerfolg, jedoch bin ich nach knappen neunzig Minuten Diskussion in einer mir völlig fremden Sprache um weitere 3000 RMB Bargeld reicher, zurück ins Hotel. Nach weiteren dreißig Minuten Schlange stehen habe ich eine neue Empfangsdame vor mir, die weder mich noch unsere Reservierung je gesehen hat. Nach weiteren kurzweiligen fünfundvierzig Minuten möchte auch sie eine Kaution haben. Dieses Mal sind es umgerechnet 500 Euro. Das folgt keiner Logik. Also probiere ich mein Glück und sage: »Ich habe leider nur 2000 RMB. Mehr nicht.« Sie sieht mich kurz konsterniert an, sackt dann aber mein Geld ein und gibt mir einen Zimmerschlüssel. Erste Lektion, die man hier nie, nie, nie vergessen sollte: Alles ist verhandelbar. Was nicht heißt, dass es immer auch eine gute Idee ist, es zu versuchen.

Wir fallen also ermattet, aber glücklich in unser neues Bett. Auch wenn es nur ein temporäres ist. Müdigkeit macht ja auch milde – im Zustand euphorischer Schlafdeprivation fällt uns erst auch gar nicht auf, dass die in der Broschüre angegebenen fünfzig Quadratmeter mehr als optimistisch waren. Egal, Schlaf ist Schlaf.

Wir werden wach, als es schon dunkel ist. Genauer gesagt werden wir wach, *weil* es dunkel ist und deshalb die Neonbeleuchtung am Einkaufscenter gegenüber angegangen ist. Im Zimmer ist es so hell, dass es sich anfühlt, als seien wir bei Flutlicht im Stadion wach geworden. Abgesehen von Licht und Lärm, ein Blick aus dem Fenster beweist: Die Stadt ist geil.

Wir erkunden die Gegend und stellen schnell fest, dass das Celebrity Hotel zwar seinen Namen nicht verdient und dessen Architekten nicht rechnen können, die Lage jedoch ist unschlagbar. Direkt an der Zhaojiaobang Lu, einer Hauptverkehrsader unweit des zwar sehr touristischen, aber wunderschönen Viertels Tian Zi Fang.

Ich kann gar nicht in Worte fassen, wie unfassbar toll der erste Abend in so weiter Ferne war. Tropische Wärme mitten im Oktober. Straßenhändler, die einem lächelnd Welpen, Zigaretten, Broccoli oder DVDs anbieten. Oft im Sammelpack. Lärm, Gehupe und Gedränge – ohne auch nur einen Hauch von Aggression.

Nachts um drei kehren wir noch zu unserem ersten »richtigen« chinesischen Essen im Restaurant ein. Proppenvoll und geschäftig wie Volksfeste an einem herrlichen Sommertag. Eine Explosion für die Sinne (und für die Magen-Darm-Motorik, wie sich zeigen wird).

Ich werde diesen ersten Tag nie vergessen. Schanghai ist bei aller Größe, bei aller Molochhaftigkeit und allen wahrscheinlich nicht völlig unberechtigten Vorurteilen einfach die aufregendste und wunderbarste Stadt, in der ich je sein sollte. Es gibt viel zu entdecken.

Überall Taxis

Auch nach langer Zeit in Schanghai, gibt es ein paar Dinge, an die ich mich nur schwer gewöhnen kann und vielleicht nie werde. Das ständige Rumspucken auf der Straße. Laufend beinahe überfahren zu werden. Zu verfluchen, einen Geruchssinn zu besitzen. Dafür ist vieles auch einfach grandios – unter anderem die Taxis.

Allein der Komfort: 50 000 Taxis in Schanghai sorgen dafür, dass man selten länger als zwei Minuten warten muss. Zwar fahren natürlich auch sie wie Henker auf Drogen, aber man kommt weltweit kaum in einer Stadt besser, einfacher und vor allem billiger von einem Ort zum anderen.

Hinzu kommt, dass für Taxifahrer hier, genau wie für ihre Kollegen in anderen Teilen der Welt, eine Karriere im Dienstleistungsgewerbe zwar angesichts ihres Charmes keine wirklich nachvollziehbare Wahl ist, sie aber dafür jede Ecke kennen. Und das ist schon im doch wesentlich kleineren Frankfurt nicht selbstverständlich. Dort habe ich schon mal einem Fahrer erklären müssen, wie er zur Oper kommt. Hier das kurze Raunzen einer Straßenkreuzung, und los geht's. Gut, manchmal müssen sie sich noch Rat von Kollegen per Handy holen, aber in neun von zehn Fällen findet jeder Fahrer auch die noch so kleinste Gasse.

Technisch hinken die meisten Taxis hier ein wenig hinterher – ich persönlich mag diese Santana-Schüsseln ganz gerne. Aber ich mag auch Achtzigerjahre-Musik und Fischpaste, das muss also nichts heißen. Zur Expo wurden schon mal ein paar Taxis erneuert: schicke VW Touran in elegantem Gewand. Aufgeräumt, schnell und auch olfaktorisch tipptopp.

Kürzlich habe ich mal einen genaueren Blick auf eines der Hinweisschilder geworfen, dort ein kleines lachendes Pferd entdeckt und dachte nur: »Sie spinnen einfach.« Jetzt mal ernsthaft: ein Pferd? Dann habe ich vermehrt drauf geachtet – außer dem Pferd gibt es noch Pandas, Hunde, Häuschen und vieles mehr.

Man hat sich aber etwas dabei gedacht: Hier geht es nicht um subtile Verschönerung für eine harmonische Welt (was in China nicht mal verwunderlich wäre), so sollten sich ausländische Expo-Besucher merken können, in welchem Taxi sie gesessen haben, sollten sie mal was liegen gelassen haben. Ich habe keinen Schimmer, ob es viele Anrufe gab wie: »Mir ist mein Schlüssel im Panda-Taxi runtergefallen«, aber den Gedanken an sich finde ich sehr amüsant und nett.

Chinesisch pragmatisch, leicht verschroben, aber durchaus liebenswürdig. Sollten wir je zurückkommen, versuchen wir mal Schlümpfe in Frankfurter Taxis zu etablieren.

Liebe geht durch den Magen

Ich liebe Essen. Ob Fast Food oder Michelin-gekrönt: Gutes Essen macht einfach Spaß. Weil Dumplings deutlich lustiger als Sit-ups sind, werde ich Schanghai wahrscheinlich als Dickerchen verlassen, aber das ist ein anderes Thema.

Bevor wir hierherkamen, haben wir viel gelesen und gehört: »Authentische chinesische Küche wird euch umhauen.« – »An jedem Straßenstand eine Köstlichkeit.« – »Kranke Sachen essen die.« Stimmt alles und gleichzeitig auch nicht. Es gibt vieles, was die Stadt kulinarisch einmalig macht.

■ *Vielfalt:* Ich komme aus Darmstadt. Wie vielfältig das Angebot dort ist, kann man sich vorstellen. Schanghai ist da nicht nur eine andere Liga, es ist ein anderer Sport. Es gibt hier wirklich alles. ALLES. 50 000 Restaurants (kein Witz!) in der Stadt sorgen dafür, dass selbst wenn mir der Sinn nach rumänischer Hausmannskost oder bolivianischer Edelküche stünde, es hier todsicher ein entsprechendes Restaurant gibt. Klar hat jedes Dorf in Deutschland einen Italiener, Frankfurt auch einige Thais und sicher auch ein paar Exoten, aber gegen die Vielfalt hier, können europäische Städte einpacken. Ja, das gilt auch für dich, London.

■ *Qualität:* Wir gehen zwei- bis dreimal die Woche auswärts essen. Nicht weil wir faule Snobs sind, sondern weil es preislich kaum einen Unterschied macht –

und einfach großartig ist. Das Beste: Von sicher mehr als dreihundert Restaurantbesuchen waren nur drei wirklich schlecht. In Deutschland hatten wir teils mehr miese Restaurants in einer Woche als hier in einem Jahr. Gut, dafür gibt es in Deutschland auch keinen Begriff für »sich eine Woche lang nicht weiter als fünfzig Meter von einer Toilette bewegen können«. Hier schon. Zu Recht. Man kann nicht alles haben.

■ *Preis:* Wahrscheinlich ist die deutsche Wesensart in einem tiefer verwurzelt, als man denkt. Geiz und Preisjagd sind mir fremd – wahrscheinlich habe ich deshalb auch noch keinen Porsche. Fuck. Aber hier wird man sofort zum jubelnden Kleinbürger, wenn es an das Bezahlen der Rechnung geht. Köstliche Dumplings zum Lunch? 5 Yuan (50 Cent), Dinner im Szechuan-Restaurant um die Ecke zu sechst mit zwölf Gerichten und viel zu vielen Drinks? 700 Yuan (75 Euro). Hinzu kommt, dass Trinkgeld eher Beleidigung als Anerkennung ist. Ich sollte hier mal Butterfahrten organisieren.

Zugegeben, manche Gerichte sind, hm, ein wenig ungewohnt. Hund werde ich nie essen, auch lebendigzuckendes Meeresgetier ist widerlich (und nicht gerade nett), und es gibt einiges, bei dem man als Durchschnittseuropäer eher »Urgh!« als »Ah!« sagen würde.

Dafür sind Ochsenfrosch-Fondue, gehobelte Hühnerfüße, Honigbienen und Quallensalat leckerer, als man sich vorstellt. Wenn auch nicht sehr viel. Das besserwisserischere »Chinesische Küche in Deutschland hat nichts mit China zu tun« stimmt leider. Auch wenn nicht alles wirklich köstlich ist, nur weil es authentisch ist. Kurze (wenn auch sehr subjektive) Erkenntnisse:

Kantonesisch ist entweder zum Niederknien köstlich oder zwingt einen aus anderen Gründen in die Knie. Gut für Einsteiger: Crystal Jade (große, leicht klinische Restaurantkette). Weniger gut: Essen, das noch zu lebendig ist, Essen, das einen anglotzt, und Essen, das sonst in keinem Teil der Welt als Essen gilt.

Für alle, die China erleben wollen:

Schanghainesisch ist süß und ölig. Für alle, die Pfannkuchen mit Spiegelei und Sirup lustig, aber noch nicht ungesund genug finden.

Szechuan ist nicht scharf. Wirklich nicht. Dafür würzen sie alles mit einem bestimmten Pfeffer, der nach Seife schmeckt und die Zunge betäubt. Für alle, die auch gerne Geldmünzen lutschen.

Hunan bietet oft viel Gemüse, viel Chili und weniger Öl. Sehr lecker. Für alle, die beim Thai nicht weinen.

Im Allgemeinen sagt man, China habe acht unterschiedliche Regionalküchen mit unendlich vielen Variationen. Mag sein, so groß sind die Unterschiede aber auch nicht. Das meiste ist doch sehr, sehr ähnlich. Aber ich finde auch, dass Thüringer und Nürnberger Würste im Grunde nur eines sind: Bratwürste. Vielleicht fehlt mir aber auch die Sensibilität.

Eine besondere Erwähnung wert sind die Straßenstände in China. Sie sind in Schanghai weniger sicher und hygienisch als beispielsweise in Singapur oder Bangkok. Muss man sich trauen, angeblich sind manche lecker. Und nein, im Lammspieß für 2 Yuan (20 Cent) ist kein Lamm. Auch kein Schwein. Wer raten kann, wie man Fleisch billigst bekommt und warum alles so stark gewürzt ist, weiß auch, was es wahrscheinlich ist. Angeblich können sich einige Straßenimbisse absolute Kampfpreise erlauben, weil sie Öl wiederverwenden, das ihre Kollegen in den Gulli geschüttet haben.

Trotzdem. Schanghai ist kulinarisch unschlagbar, wirklich.

Ganz subjektive Top Five Schanghais:

1. *Lost Heaven:* Yunnan-Küche aus dem Südwesten Chinas, ein wenig wie Thailändisch mit milder Depression.
2. *Din Tai Fung:* Dumpling-Götter aus Taiwan. Michelin-Stern im Essen, nicht auf der Rechnung.
3. *Qimin Organic Hotpot:* chinesisches Fondue und grandioses Winteressen. Dazu noch angeblich mit Biosiegel. Sogar wenn man es nicht glaubt, immer noch lecker.
4. *Hikari:* Sushi auf lustige und köstliche Art. Foie gras und Aal begegnen sich sonst nicht in vielen Gerichten.
5. *Yang's Fried Dumplings:* ewig Anstehen, kein Wort verstehen, Handgemenge am Nebentisch, unmöglich mit Würde zu essen, aber: *grandios*.

Fazit: Wenn es ums Essen geht, rockt Schanghai. Wirklich.

Erste Anzeichen des Ankommens

Man merkt es auf einmal, ohne Ankündigung und ohne groß darüber nachzudenken: Wir sind wohl doch ein wenig angekommen in China. Den wirklich unmittelbaren Kulturschock mit entsetzlichem Heimweh haben wir scheinbar ausgelassen. Kein einziges Mal haben wir daran gedacht, China den Rücken zu kehren – auch wenn sowohl meine Frau als auch ich noch nie so wüst Menschen beschimpft und über Situationen geschimpft haben und wir vieles noch immer nicht verstehen, aber wir akzeptieren es.

Die Katharsis kam bei der Hausinstandsetzung. Anlass: ein tropfender Wasserhahn in der Küche. Unsere Ayi hatte die Reparatur angeordnet und alles koordiniert. Sie ist mittlerweile extrem autark, deutlich mehr Haushaltsmanagerin als Hausmädchen. Wir lieben sie dafür.

In jedem Fall lief es, wie es eigentlich immer läuft in China, wenn etwas gemacht, repariert, erledigt werden muss.

Phase 1: Bestandsaufnahme
Der Compound Facility Manager (so sein Titel auf der Karte) steht ein wenig unangemeldet vor der Tür. Ein wahnsinnig netter Chinese um die fünfzig, der nur einen einzigen Anzug zu besitzen und zu tragen scheint. Er lächelt immer, ist sehr engagiert und unfassbar freundlich. Im Schlepptau hat er einen Installateur oder

so etwas Ähnliches. Zumindest wohl der, der es richten soll. Ich spreche noch immer kein Chinesisch (was mir jeden Tag peinlicher ist), er keinen Ton Englisch. Seine Zeichensprache ist grottig. Mittlerweile weiß ich, mit einem zuversichtlichen »Hao de« (einverstanden) kann nicht allzu viel schiefgehen. Meistens. Oft. Manchmal.

Phase 2: Viele Beteiligte involvieren
Die Ayi koordiniert Heerscharen am Telefon. Ständig steht jemand Neues im Haus oder Garten und wurstelt an irgendwas. Erst kommt der Repräsentant des Landlords, um Fotos von dem zu reparierenden Wasserhahn zu machen. Er hat sich englische Sätze zurechtgelegt, die ich nicht verstehe. Es gibt gerade viel zu tun in unserem Haus – ich verstehe ihn falsch und zeige ihm die Teiche im Garten. Verwirrung in seinem Gesicht. Ich führe ihn zum Sicherungskasten. Verzweiflung in seinem Gesicht. Beim dritten Anlauf haben wir es.

Als Nächstes lungert jemand fünfzehn Minuten im Vorgarten herum und legt dann Pakete vor der Tür ab. Eines davon trägt die wundervolle Aufschrift: »The flower spreads the design tasty of the head top-grade, the shape is elegant, the amount of water regulates the convenience comfort. Designer in consideration of your convenience uses the queous and each details.«

Ich bin auch nicht sofort draufgekommen – es ist ein neuer Wasserhahn. Habe mir aber vorgenommen, mich nicht ständig über Chinglish lustig zu machen, ich kann ja schließlich auch kein Chinesisch. In jedem Fall könnte es nun losgehen.

Phase 3: Magisches Verschwinden
Unser Haus gleicht einer Baustelle. Die Teiche werden gereinigt, Grassamen gesät, Leitungen und Lampen installiert, diverse Reparaturen. Zwischenzeitlich waren zehn Leute gleichzeitig irgendwo beschäftigt. Und wie immer, wenn sie da sind, passiert etwas Merkwürdiges: Auf einmal sind sie alle weg. Verschwunden. Mehrere Tage lang blicken wir auf halb begonnene oder halb beendete Baustellen. Keine Sau kommt. Aber just, wenn man mit dem Gedanken spielt, mal nachzuhaken erfolgt:

Phase 4: Aktivität 1.1
Der Installateur war wieder da. Gemeinsam mit jemandem vom Compound. Sie haben den alten Wasserhahn in Windeseile entfernt und den neuen eingebaut. Und dabei kaputt gemacht. Auf einmal halten sie vier Teile in der Hand, die sich nicht mehr zusammenfügen lassen. Sie wollen später noch einmal wiederkommen. Oder irgendwann. Erst mal haben wir also keinen tropfenden Wasserhahn, sondern einfach gar kein Wasser in der Küche.

Und hier setzt die Erkenntnis ein: Es war uns egal. Man nimmt es hin, regt sich nicht auf. Mehr noch: Verständnis fast. Sie geben sich schließlich Mühe, und irgendwann werden sie es schon richten. Worüber sich also aufregen? Ändert eh nichts. Und ernsthaft: Von einem Wasserhahn lasse ich mir nicht den Tag verderben. Als ich noch so drüber nachdachte, fiel mir auf, dass wir uns, glaube ich, wirklich angepasst haben. Dass wir schon ein bisschen angekommen sind.

Meine Top-fünf-Anzeichen dafür, in China schon nicht mehr ganz fremd zu sein:

1. *Langmut:* Irgendetwas gibt immer den Geist auf. Handwerker kommen nie zur vereinbarten Zeit, aber gerne zehnmal, um Reparaturen durchzuführen, die keine sind. Man beginnt, kleine Unannehmlichkeiten als das zu sehen, was sie sind: klein. Ich versuche dann, mich im Winter daran zu erinnern, wenn es im Haus wieder elf Grad hat.

2. *Ausblenden:* Ich höre Hupen nicht mehr. Kein Scherz, vor ein paar Tagen ist direkt neben mir die Alarmanlage eines Autos angesprungen, und ich habe locker eine halbe Minute gebraucht, bis ich es wirklich registriert habe. Ich verbringe etwa zwei Stunden am Tag in Taxis auf der Straße. Wahrscheinlich hat mein Gehör aufgegeben.

3. *Körperliche Abhärtung:* Im ersten Monat hatte mich »China Belly«, eine Durchfallerkrankung, die fast alle Neuankömmlinge in China in den ersten Wochen plagt, dazu gebracht, mich nie weiter als fünfzig Meter von einer Toilette zu entfernen. Ein zweifelhaftes Sushi in Peking hat mich fast hingerichtet. Ein massiver Infekt im Winter fast verenden lassen. Und jetzt? Nichts. Auch im Grunde merkwürdiges (zumindest nicht eindeutig identifizierbares) Essen ist einfach nur lecker und hat keine Nachwirkungen. Wirklich abstinent gelebt habe ich die letzten Jahre schon nicht, jetzt ist meine Leber wohl im China-Modus. Hier wird unfassbar viel getrunken, aber wirklich betrunken war ich schon lange nicht mehr.

4. *Benehmen:* Als wir ankamen, waren wir freundliche Ausländer. Wie hilflose amerikanische Touristen, die man in Deutschland manchmal sieht. Haben höflich gefragt, gewartet, genickt. Damit kommt man

in China leider nicht sehr weit. Wie entsetzlich unhöflich es ist, quer durch den Raum nach dem Kellner zu brüllen, fällt einem immer erst auf, wenn man nicht in China ist. In Singapur zum Beispiel habe ich das erste Mal bemerkt, dass wir wohl verrohen. Wir versuchen, es nicht ausarten zu lassen und uns gewahr zu sein, dass es nach westlichem Standard nicht höflich ist, wie wir uns oft benehmen. Aber ignoriert werden wir nicht mehr.

5. *Keine Panik:* Egal, was einem hier passiert – es wird schon nicht tragisch enden. Beinah-Unfälle jeden Tag. Feuerwerk in Weltkriegsformat. Laserpointer, die Augenlicht rauben. Schnaps (Baijiu), der nach Kerosin schmeckt (und auch so wirkt). Ampeln, die noch nicht mal als Empfehlung gelten. Offene Starkstromkabel im Garten. All das und vieles mehr – man gerät nicht mehr in Aufregung. Wird schon schiefgehen.

Schanghai ist großartig, China ist toll, wir lieben es hier. Trotz Baustellen und Lebensgefahr.

Echt jetzt?

In China gibt es viele Fakes. Ach was. Allgemeinwissen und nicht weiter verwunderlich. Hier wird ohnehin alles produziert, was rund um den Globus verkauft wird. Gepaart mit dem unnachahmlichen Geschäftssinn der Chinesen ist es kein Wunder, dass es hier die meisten Fakes gibt. Arbeit ist billig, und die Maschinen sind ohnehin da.

Bevor wir nach China kamen, hatte ich beim Stichwort »Fake-Produkte« eigentlich nur die üblichen Verdächtigen im Sinn: eine schicke Rolex für 20 Euro oder was Nettes von »Locoste« oder »Ormani«. Gibt's ja auch an jedem europäischen Urlaubsstrand. Kinderkram. Im Vergleich zu Chinas Kopierwut ist ein türkischer Basar ein Flagshipstore von Prada.

Natürlich gibt es auch hier große Marken für wenig Geld – und das in teilweise verblüffender Qualität. Es gibt sogar verschiedene Fake-Kategorien für Luxusuhren:

Kategorie C: Rolex & Co. für 100 Yuan (10 Euro). Sieht nach Uhr aus, sollte man aber nicht anfassen oder gar benutzen wollen.

Kategorie B: Luxus am Handgelenk für 500 Yuan. Sieht ziemlich echt aus und zeigt sogar die Zeit an.

Kategorie A: Fakes von Profis. Sind mit bis zu 3000 Yuan teurer als eine Swatch, können aber eigentlich nur von Experten als Fake geoutet werden.

Uhren, Schuhe, Taschen, DVDs und Laserpointer in Kriegswaffenstärke, bekommt man hier alles in einem der diversen Fake-Markets. Meist eine Ansammlung von hundertfünfzig bis zweihundert kleinen Shops, die alle die gleichen Produkte verkaufen. Nicht dieselben. Die gleichen. Einkaufen im Fake-Market kann richtig Spaß machen – solange man Gewusel, Gezerre und Feilscherei etwas abgewinnen kann. Für einfache Sachen lohnt es sich allemal. Chucks kriegt man sonst nicht für 7 Euro und halten sogar länger als meine Originale. Was man jedoch beherrschen sollte, ist das Feilschen. Ich kann es absolut nicht. Ich bezahle entweder doppelt so viel wie alle anderen oder werde aus dem Laden geworfen, weil ich zu unverschämt eingestiegen bin. Dafür ist meine Frau Großmeisterin im Feilschen – mit einem zuckersüßen Lächeln und eiskalter Freundlichkeit kriegt sie mittlerweile bessere Preise als Einheimische. Das nächste Auto kauft sie.

Leider werden sonst eigentlich ganz freundliche Händler zu Laowai zerfleischenden Bestien, wenn sie mitkriegen, dass man fotografiert. Ich werde also mein Leben lang niemals ein Foto meiner lächelnden Frau vor einem zähneknirschenden Verkäufer besitzen.

Außer den zu erwartenden Marken gibt es zudem wundervolle Schmuckstücke chinesischen Einfallsreichtums und Handfertigkeit. Ein »Blockberry«. Schuhe von Ray Ban. Und natürlich Apple. Gäbe es Apple nicht, müsste die Hälfte der Fake-Markets wahrscheinlich dichtmachen. Hier gibt es Produkte, die nicht mal Apple selbst kennt, zum Beispiel das »iPhone mini«.

Ein Land auf der Aufholjagd und Überholspur gibt sich damit natürlich nicht zufrieden. In die weltweiten Zeitungen hat es der komplett gefälschte Apple-

Store in Kunming ja schon geschafft. Erst hier vor Ort aber, begreife ich allmählich die Dimension von Fälschungen. Es gibt nichts, wirklich NICHTS, was nicht gefälscht wird: Kürzlich wurde ein Händler festgenommen, der Erbsen gefälscht hat. Erbsen! Es waren Sojabohnen mit billiger und vor allem giftiger grüner Lackierung.

Château Lafite ist hier der Wein der Wahl, wenn man richtig beeindrucken will. Ultimativer Gesichtsgewinn. In China werden in einem Jahr mehr Flaschen verkauft, als das Château in zehn Jahren produziert.

Weltweit gibt es sieben Harry-Potter-Romane. In China gibt es elf. Unter anderem den Bestseller *Harry Potter and the Chinese Overseas Student*.

Ein potenzieller Absatzmarkt von 1,3 Milliarden Menschen ist wohl einfach zu verlockend. Nur etwas für einen Yuan (10 Cent) an jeden zehnten Chinesen verscherbelt, und es reicht immer noch aus, um unvorstellbar reich zu werden.

Mir kam schon eine Idee. Apfelwein gibt es hier nicht, und hier weiß ohnehin niemand, wie er schmeckt. Eine Marktlücke, die nach Befriedigung und Fakes schreit.

Sprachbehindert

Sollte es ein chinesisches Pendant zu Thilo Sarrazin geben – er hätte seine Freude an mir. Schlechter als ich kann man sich eigentlich nicht mehr integrieren.

Ich kann nicht Chinesisch lesen, schreiben oder sprechen. Ich lebe in einem Compound voller Expats, hübsch abgegrenzt vom chinesischen Alltagsleben. Ich erwarte, dass mein Umfeld im eigenen Land eine Fremdsprache spricht. Wirklich sehr beschämend das alles. Und unfassbar bequem.

Seit meiner Ankunft schon schiebe ich Chinesischunterricht auf die lange Bank. Ich arbeite hier deutlich mehr und länger als in Deutschland – und war eigentlich nicht der Meinung, je faul gewesen zu sein. Zeitmangel war daher bisher eine gleichermaßen glaubwürdige wie bequeme Ausrede. Es wird nun aber langsam wirklich Zeit.

Anlass und Anreiz war heute ein hübsches Schild am Eingang zum Office, auf dem in großen, dicken chinesischen Lettern etwas stand, das dreimal rot unterstrichen und mit vier Ausrufezeichen versehen war.

Urplötzlich kam eine meiner großen sozialen Urängste hoch: als Einziger etwas immens Wichtiges zu verpassen. So geht es mir häufig am Flughafen oder auf Bahnhöfen – manche Durchsagen verstehe ich ums Verrecken nicht. Mein persönlicher Albtraum ist ein Aufruf wie: »Achtung bitte, wichtige Durchsage an alle Passagiere des Fluges LH524, ›krrrgrrscchwss‹ bitte umgehend ›gllugsncge‹ an Gate ›chrrshcr‹, auf der Stelle!«

Ähnlich ging es mir auch hier. Offenbar etwas, das wichtig genug für vier Ausrufezeichen ist. Und ich habe keinen blassen Schimmer was. Ich hoffe einfach mal, es heißt nicht »Lebensgefahr: Unter keinen Umständen den Fahrstuhl benutzen«.

Natürlich könnte ich locker zwei bis drei Stunden die Woche dafür aufwenden, endlich Mandarin zu lernen. Es ist aber die Aussichtslosigkeit, die Sprache jemals wirklich beherrschen zu können, die mich zum Prokrastinations-Champion macht. Genauer gesagt, die Kombination von Unmöglichkeiten:

■ *Die verdammten Töne:* Chinesisch ist bekanntlich keine Wort-, sondern eine Tonsprache. Viereinhalb verschiedene Grundtöne in Mandarin. Sieben in Kantonesisch. Allein die Silbe »Ma«:

1. Gleichbleibend hoch (eunuchenhoch): »Mutter«.
2. Ansteigend (als wäre man sich nicht sicher und fragt lieber noch mal): »Hanf«.
3. Fallend, dann steigend (wie ewiger Stimmbruch): »Pferd«. Mal nebenbei bemerkt heißt BMW hier übrigens Bao Ma – schönes Pferd.
4. Fallend (wie volltrunken eine Diskussion am Stammtisch beenden): »schimpfen«.
5. Neutraler Ton (sprechen eben).

»Ma Ma Ma Ma« kann demnach auch heißen: »Schimpft Mutter dem Hanfpferd?« Wahrscheinlich auch kein geflügeltes Wort in China, kompliziert bleibt die Sprache dennoch.

Dem Gesichtsausdruck mancher Kollegen nach zu urteilen, habe ich wohl schon mehr als einmal danebengegriffen. Ich habe schon manchmal auf Mandarin loben oder kommentieren wollen. Möglicherweise habe ich stattdessen ungewollt sexuelle Präferenzen unterstellt.

■ *Die Zeichenflut:* Es gibt insgesamt 87 000 chinesische Schriftzeichen, auch kaum ein Chinese kennt sie wirklich alle – es bleiben aber immer noch 3000 bis 5000, die man für den Alltag braucht. Dafür sehen sie alle gleich aus.

■ *Und die Dialekte:* China ist nicht klein. Innerhalb Chinas sind außer Hochchinesisch noch sieben andere Sprachen offiziell anerkannt. Uigurisch begegnet einem in Schanghai eher selten, dafür sind die anderen Dialekte schlimm genug. Wie Schanghainese. Die Chinesen sind wahnsinnig stolz auf lokale Interpretationen der Sprache und pflegen den Unterschied. Quasi 1,3 Milliarden Bayern. Tatsächlich sind Dialekte hier beinahe eher unterschiedliche Sprachen. Vergleichbar mit Französisch, Spanisch, Italienisch und Baskisch. De facto versteht außerhalb Schanghais auch kein Chinese, was Taxifahrer vor sich hin brabbeln.

Kurz: Chinesisch lernen ist ein Albtraum, der wohl nie endet. Umso bewundernswerter, dass meine Frau deutliche Fortschritte macht. Sie kann sich schon unterhalten und Kontexte verstehen. Ich kann nach dem Kellner rufen. Dafür verstehe ich jetzt, wie sich Analphabeten fühlen müssen, und wie sie es schaffen, dass es jahrelang keinem auffällt.

Zu meinen persönlichen Alltagsblufftaktiken gehören:

▨ *Nicken und zustimmen:* Ein selbstbewusstes »Dui Dui Dui« (Ja, ja, ja) oder »Hao De« (einverstanden) täuscht Souveränität vor. Verneinen kann ich dafür nicht so gut. Irgendwann stimme ich mal versehentlich einer Organspende zu.

▨ *Kurzfassen:* Chinesen sind die Berliner Asiens. Kurzes Bellen von Worten statt langer Sätze. »Ba Hao!« (»Nummer acht!«) ist genauso effektiv wie: »Ich würde gerne Zigaretten der Marke Zhong Nan Hai, Nummer acht kaufen, bitte.«

▨ *Nuscheln:* Viel hängt ohnehin vom Kontext ab. Ein paar Brocken mit dem richtigen Gesicht zeigen zumindest die Grundrichtung an.

▨ *Ignoranz:* Aus reiner Verzweiflung (und weil auch Chinesen sich untereinander nicht immer verstehen und Englisch oft keine wirkliche Option ist) bin ich in ausweglosen Kommunikationssituationen dazu übergegangen, Hessisch zu sprechen. Ich bin eigentlich ein großer Freund klaren Hochdeutschs und auch kein wirklicher Urhesse, aber für einen aufgebrachten Taxifahrer ist Hessisch einfach wunderbar. Ein typisches Beispiel:

Ich will nach Hause. Also nenne ich Straße und Querstraße:

»Hu Qing Ping Gong Lu, Zhuguang Lu.«

»Zhuguang Lu Bu Zhi Dao.« (Straße kennt er nicht.)

»Hu Qing Ping Gong Lu, Yi Wu Yi Qi.« (Vielleicht hilft ihm die Nummer.)

Motzig: »Bu Zhi Dao.«

»Hu Qing Ping Gong Lu Kao Xi Zughuan Lu, Yanan Lu Xia Lai Xu Nan Lu.« (Ausfahrt von der Hauptstraße in verzweifelten Mandarin-Rudimenten.)

»Bu Zhi Dao«, gefolgt von wütendem Gebrabbel und einer Frage, die sich wohl mit meinem Geisteszustand befasst.

Die Lösung: »Jetzt horsche ma gud zu mein Bub. Laber net, is mir egal, fahr halt.«

Unverständliches Gepöbel.

»Vadder, passt scho, finde mer.«

Aggressives Anfahren. Aber wir kommen an.

Habe mir vorgenommen, es alsbald trotzdem mal mit Chinesischunterricht zu probieren. Irgendwann muss ich mal anfangen. Sollte ich das je meistern, versuche ich es danach mit Ungarisch.

Crabmania

Wenn es ums Essen geht, sind Chinesen einmalig be-
geisterungsfähig – meistens wenn es um grenzwertige
Dinge wie Seegurken (sehr gesund), Haifischflossen (gut
für die Lebenskraft) oder Hühnerfüße (Eins-a-Snack)
geht.

Richtig euphorisch sind sie im Spätherbst, insbesondere in Schanghai, wegen einer besonderen Delikatesse:
Hairy Crab.

Zwischen Ende September und Mitte November ist
Saison für ein Tier, das auf Deutsch den hübschen
Namen »Chinesische Wollhandkrabbe« trägt. Krabben
werden dann wirklich überall verkauft. Im Supermarkt,
auf der Straße, an Straßenkreuzungen. An manchen
Ecken hat man mittlerweile sogar Automaten aufge-
stellt. Gekühlt bei zwölf Grad verfallen Krabben in
eine Art Winterschlaf, und so kann man sich auf
dem Weg nach Hause noch schnell eine ziehen. Ich
glaube nicht, dass es in China überhaupt ein Wort für
Tierschutz gibt. Aber das ist ein anderes Thema.

Krabbe ist nicht gleich Krabbe. Eine Originaldelika-
tesse sind sie nur, wenn sie aus dem Yangchen Lake
kommen. Quasi sechsbeiniger Champagner. Natürlich
sind ein Großteil der angepriesenen Krabben nicht von
dort, werden aber als solche verkauft. Krabbenfakes.
Wundert einen hier nicht mehr.

In jedem Fall wollten wir es uns nicht nehmen lassen, am Hairy-Crab-Wahnsinn teilzuhaben. Eine Freun-

din von uns hat die Idee und reserviert. Auf zu Ling Long Ge.

Ling Long Ge ist *die* Institution in Schanghai, wenn es um Hairy Crab geht. Außerhalb der Saison importiert das Restaurant mittlerweile Krabben aus Dänemark. Der Laden läuft gut. Ohne Reservierung geht nichts.

Gegessen wird grundsätzlich im Separee. Alles sehr schick, mit chinesischem Touch. Die Räume sind hübsch eingerichtet, aber ausgeleuchtet mit 1000-Watt-Neonlicht. Passt zum allgemeinem Beleuchtungskonzept von Restaurants und Bars in Schanghai. Es gibt generell nur die Varianten »stockdunkler Isolationsraum« oder »Flutlicht«.

Bei Ling Long Ge werden Krabben nicht zum ersten Mal gereicht, hier sind Profis am Werk, Effizienz ist angesagt. Wahnsinnig freundlich und unglaublich schnell geht es hier Schlag auf Schlag. Meine Frau übernimmt dankbarerweise die Bestellung auf Chinesisch – ich würde wahrscheinlich versehentlich den Seegurkensalat bestellen.

Man fragt nach Vorlieben für Krabbengröße und -geschlecht. Männchen schmecken anders als Weibchen. Fühle mich ein wenig wie Hannibal Lecter in *Das Schweigen der Lämmer*, wir bestellen aber jeweils ein Männchen und Weibchen für jeden.

Nach fünfzehn Minuten stürmt ein Einsatzkommando den Raum: Die Krabben sind fertig. Sieben (!) Bedienungen kümmern sich um das Servieren. Echte Schanghainesen zerlegen ihre Hairy Crab selbst, ich erinnere mich noch gut an mein letztes Hummer-Fiasko und lasse mich gerne entmündigen. In Rekordzeit wird geöffnet, geschnitten, gerupft und geschabt.

Was auf den Teller kommt, sieht erst mal nicht so köstlich aus. Gelblicher Glibber mit Stückchen. Aber: unglaublich gut. Himmlisch, wirklich. Schmeckt nach Rührei mit Trüffel. Und siehe da, Weibchen und Männchen schmecken tatsächlich anders. Letztere schmecken etwas herber. Sogar mit haarigen Greifzangen kann man also das zarte Geschlecht sein. Ich hätte in meinen kühnsten Träumen nicht vermutet, jemals begeistert von Krabbenglibber zu sein.

Kunstvoll werden uns die verschiedenen Teile kredenzt. Wahre Schanghainesen zerlegen eine Hairy Crab so gut, dass sie sie danach wieder originalgetreu zusammensetzen können. Vermutlich kopieren sie allein schon deshalb Industrieprodukte so gekonnt.

Selbst mundfertig zerlegt, hat man eine Weile mit den Biestern zu tun. Viel ziehen, brechen, zutzeln, tunken. Aber es lohnt sich. Hairy Crab ist wirklich sehr gut. Aber nicht billig. Für China sogar unglaublich teuer. Vier Personen, acht Krabben, ein paar Vorspeisen, ein bisschen Bier: 3700 Yuan (etwa 380 Euro) – das leisten wir uns sonst nicht. Aber – das war es wirklich wert.

Hairy Crab rockt.

Der Weihnachtsmann lebt nicht am Nordpol

Die Sache mit der Weihnachtsdekoration muss genetisch bedingt sein. Meine Mutter hat unser Elternhaus schon immer in ein 100 000-Watt-Lichterketten-Opus verwandelt. Wir lebten lange Zeit unweit des Frankfurter Flughafens, und niemanden hätte es überrascht, wenn mal ein Airbus versehentlich in unserem Garten, statt auf Landebahn 07R/25L aufgesetzt hätte. Auch jetzt noch ist bei meinen Eltern im Grunde 365 Tage im Jahr Weihnachten.

Ich fürchte, ich habe das geerbt. Genau jetzt ist der Zeitpunkt, um die Weihnachtszeit einzuläuten. Eigentlich mag ich es ja lieber reduziert und nüchtern. Eher skandinavisch als US-amerikanisch – aber in der Adventszeit muss man Weihnachten Platz einräumen. Viel Platz. Lichterketten, Tannenzweige, Weihnachtsmänner, Rentiere, Weihnachtslieder, Kitsch – ich will alles! Meine Frau ist glücklicherweise nachsichtig, was solche Macken angeht. Die meisten anderen Gattinnen würden wohl gerichtlich angeordnete Entmündigung in Erwägung ziehen.

Auf der Suche nach Weihnachtsdeko haben wir den Flower and Bird Market in Hongqiao (einen Stadtteil unweit unseres Hauses) angesteuert, dort gibt es auch viel Kleinteiliges. Hauptgewinn.

In China ist Weihnachten zwar so wichtig wie in Deutschland der chinesische Grabstein-Kehren-Tag – aber hier kaufen viele Expats ein. Das sieht man. Zudem dämmert es mir: Die meiste Deko wird sowieso in China hergestellt – wir kaufen also direkt an der Quelle.

Für Weihnachtshasser oder -neutrale ist es wahrscheinlich schwer nachzuvollziehen, aber für mich fühlte es sich an, als würde jemand, der besessen von italienischer Mode ist, entdecken, dass Zegna im Nachbarhaus schneidern lässt. Sofort verfiel ich in Adventsautismus, und wir stöberten die nächsten zwei Stunden durch diverse Läden.

Es gibt wirklich nichts, was es nicht gibt: beleuchtete Rentiere. Tannenbäume in sechzehn Millionen Farben. Geschenkkartons, die singen und glotzen. Weihnachtshasen, -rehe, -enten. Weihnachtsenten! Einen Laden ausschließlich für Geschenkband.

Ich habe schon viel Weihnachtskitsch gesehen und war eigentlich der Meinung, es könnte mich nicht mehr viel umhauen. Unter anderem gibt es zum Beispiel in Rothenburg ob der Tauber ein Zwölf-Monate-Weihnachtsgeschäft. Im Vergleich sind das Amateure.

Wahrscheinlich kann keiner der hier vertretenen chinesischen Händler erklären, was Weihnachten ist, oder worum es da geht. Es wird ihnen aber angesichts der verzückt einkaufenden Laowais auch herzlich egal sein.

Ich glaube, dass Kinder, die ihre Wunschzettel an den Nordpol schicken, ihre Zeit verschwenden. Der Weihnachtsmann lebt dort nicht. Er lebt in Hongqiao.

An Weihnachten werde ich amerikanische Vorstädter vor Neid erblassen lassen.

Mein Block

Bevor wir nach Schanghai gezogen sind, haben wir umfangreiche Recherchen betrieben. Wir wussten schon vorher ganz genau, was wir wollten: ein hübsches, original Lane House in der Former French Concession, modern ausgebaut.

Nettes Leben in der Mitte, unter Chinesen. Echter Schanghaier Alltag mit allem, was dazugehört. Superauthentisch, bloß nicht in eines dieser Ausländergettos: isolierte Expats in umzäunten und bewachten Compounds, die vom richtigen China nichts mitbekommen und desintegriert in ihrer Westbude hocken zusammen mit anderen Westlern. Ätzendes peinliches Pack. Genau das sind wir jetzt. Und es ist toll.

Expats in Schanghai unterteilen sich meist in zwei Wohnfraktionen:

1. *Authentisch und verlockend schick:*
Ein Lane House: das chinesische Äquivalent zum Haus in der Toskana, ein umgebautes altes Reihenhaus oder Apartment aus den Zwanziger- und Dreißigerjahren. Typisch Schanghai, très chic. Wer sich in Hamburg-Eppendorf wohlfühlt, liebt die French Concession. Verlockung pur: draußen China, drinnen London. Von außen bäh, von innen yeah.

Viele meiner Kollegen und unserer Freunde haben diese Variante gewählt und wohnen in manchen Fällen einfach spektakulär. Sie sind aber die Ausnahme. Tatsächlich gilt für Lane Houses in Schanghai meistens: draußen China, drinnen China.

Erst einmal hat man genau das, was man wollte: Leben unter Chinesen mit ganz normalem Alltag. Nur ist Alltag in Schanghai nicht Alltag in London. Verblüffend häufig scheint das Neuankömmlingen nicht klar zu sein. Authentisch leben heißt eben aber auch, Nerven bewahren können.

Badezimmer und Toiletten im Hausflur. Diese werden von der Nachbarschaft zwar häufig gerne genutzt, aber nicht genauso gerne gereinigt.

Chinesen sind immun gegen Lärm und Weltmeister darin, ihn zu produzieren – in Schanghai gibt es wenig, was man nicht noch ein bisschen lauter als anderswo machen könnte. Müll wegbringen, die Tür reparieren, ein Schwätzchen halten – man muss es hören können. Unter 95 Dezibel können Chinesen nicht mal ein Brot schmieren.

Leider endet der Gemeinsinn meist an der Haustür. Was nicht unmittelbar in der Wohnung ist, existiert nicht. Vor der Tür ist auf der Straße. Das gilt zum Beispiel für Müll. Oder Hundehaufen.

Viel gravierender am Leben in alten Häusern ist aber: Beim Innenausbau gelten chinesische Qualitätsstandards. So legendär wie deutsche Lebensfreude, amerikanische Liebe zum Energiesparen oder italienischer Raketenbau.

In unserem vier Jahre alten Haus fällt schon vieles in sich zusammen – das wird bei achtzig Jahre alten Häusern nicht besser: Scheibenglas dick wie Briefpapier, kaum Heizungen, Vorkriegswasserleitungen und oft eher morbider Charme als Wohnsubstanz.

Richtig unangenehm wird das erst im Winter: Schanghai war früher die Heizgrenze innerhalb Chinas. Im Norden zentrale Heizung, im Süden gar keine Heizung. In Schanghai ist es wirklich nicht kalt im Vergleich zu Peking oder Berlin – aber vier Grad im Wohnzimmer machen auch hier keinen Spaß (hatte einer meiner Kollegen gerade letztes Jahr im Januar gemessen – gemütlich).

2. *In the Ghetto – Compounds:*
Sie haben meistens bescheidene Namen wie »Windsor Place«, »The Emerald« oder »Tiziano Villas« – Ansammlungen von bis zu vierhundert Häusern in Stadtteilen am Arsch der Welt, zum Beispiel in Qingpu oder Pudong. Die Auswahl ist riesig, aber meist prägt chinesische Auffassung von Ästhetik die Architektur. Dagegen hat Ludwig XIV. fast schnörkellos bauen lassen. Einige neuere Bauten sind jedoch wirklich hübsch. Die Häuser in unserem Compound sehen zumindest mal nicht wie in Disneyland aus.

Als wir nach Schanghai kamen, mussten wir erst mal feststellen, dass jemand, der einen Garten haben will und ihn auch zu bezahlen imstande ist, eigentlich nur im Compound leben kann. Drei Hunde bedeuteten somit das Ende vom Leben im Zentrum. Authentisch und naturbelassen wie Disneyland, das ist Schanghais Suburbia. Ich kann es mir nur so erklären, dass zum Curriculum chinesischer Architekten der Film *Die Frauen von Stepford* zum Pflichtprogramm gehört.

In den ersten zwei Wochen wollten wir uns die Pulsadern aufschneiden: In unserem Compound wohnen fast nur deutsche und französische Familien. Kein Wunder, die deutsch-französische Schule liegt direkt nebenan.

Das Leben hier fühlt sich künstlicher an als neonfarbene Götterspeise, eine Fahrt in die Stadt ist selten unter einer halben Stunde zu schaffen, und ab 21.00 Uhr fällt alles in ein Wachkoma. Weniger China, weniger erleben und weniger integrieren geht kaum. Mal ganz davon abgesehen, dass wir ein Schweinegeld an Miete bezahlen.

Nun kann ich aber sagen: Ich will hier nicht mehr weg. Integration kann mich mal. Die Vorteile überwiegen, mehr Lebensqualität ist in Schanghai schwer zu bekommen.

Ich kann vor die Tür treten, ohne überfahren zu werden. Streng genommen fährt vielleicht alle zehn Minuten mal ein Auto im Schritttempo vorbei. Mit dem Hund rausgehen ist hier kein Himmelfahrtskommando. Die Luft ist besser. Bestimmt hat sie keine Alpenqualität, aber sie ist schon mal deutlich besser als in der Stadt. Angeblich haben nach fünf Jahren Schanghai auch Nichtraucher eine Raucherlunge – hier kann man joggen, ohne zu husten (was ich deutlich häufiger tun sollte).

Zudem ist es ruhig. Ich bin noch keine sechzig, aber erst in Schanghai habe ich gelernt, Ruhe zu schätzen. Morgens zwitschern Vögel im Garten – in der Innenstadt gibt es noch nicht mal Tauben (was aber auch an den Straßengrills liegen könnte).

Es ist dekadent, aber praktisch: Gym, Tennisplätze, zwei Pools, kleiner Supermarkt, Clubhouse mit Bar. Einfach angenehm. Ich mache mich nie wieder lustig über amerikanische Vorstadtidylle.

Zugegeben: Ich habe selbst noch nicht in der Stadt gelebt, und länger als acht Stunden habe ich noch in keinem Lane House oder Innenstadtapartment verbracht, ich rede also wie ein Blinder von Farbe. Es ist mir auch echt peinlich, aber zumindest in unserem Compound ist es fantastisch. Natürlich wäre es nett, zum Ausgehen nicht eine Stunde Taxi fahren zu brauchen oder ein bisschen weniger Marsmenschenleben zu führen, aber ich lasse mich gerne einlullen.

Das wahre Leben kann mich mal, I love the ghetto.

Die Handwerker, die ich rief

Ein echter Klassiker: unsere Heizung. Wir sind mittlerweile chinagestählt genug, um zumindest Amokläufe zu vermeiden, es kostet aber nach wie vor Nerven.

Schanghai ist in Sachen Wetter eher binär. Kalt oder warm. Seit Montag ist es kalt. Nachdem wir im letzten Jahr große Teile des Winters unter dreizehn Grad im Haus hatten, haben wir dieses Jahr vorgesorgt: ausdrückliche schriftliche Vereinbarungen mit dem Landlord, ständige Beobachtung der Heizsituation und Chinesen mit Konsequenzen drohen, wo es ihnen wehtut: beim Geld. Nicht mal Straflager wirkt hier motivierender. In der Theorie.

Seit Montag erleben wir die Wiederaufführung des Schauspiels: »China repariert«. Je nach Tagesform ist das Tragödie oder Komödie. Leider nie Dokumentation. Das Drehbuch wäre in jedem Fall herzerwärmend.

Mein regelmäßiger Dialog mit unserer Hausverwaltung:

»The floor heating does not work, can you please send someone to fix it?«

»Sure.«

Drei Stunden später: Der Monteur kommt, schaltet die Heizung aus und an. Und geht wieder.

»The heating still does not work. Can you please have someone check it again.«

»Sure, no problem.«

Einen Tag später. Monteur Nr. 2 kommt, nimmt die Verkleidung ab, schaltet die Heizung aus und ein. Geht wieder.

»The floor heating does not work. Again. Please fix it, it is getting cold.«

»No problem, we will send a better engineer.«

Gleicher Tag. Monteur Nr. 3 kommt, betrachtet die Heizung interessiert für fünfzehn Sekunden und geht wieder.

(Proaktiv): »The engineer says, it needs to be fixed by someone from the manufacturer. We will send someone from BOSCH.«

»Good. When?«

»2–3 days max.«

»Hurry up, it is cold.«

Gleicher Tag, neunzehn Uhr, stockdunkel, Platzregen. Monteur Nr. 4 steht verwirrt und durchnässt im dunklen Garten und schaltet die Heizung an und aus. Geht wieder.

»What's with the heating? The engineer did not do anything.«

»They will send a better engineer. We follow up with you.«

Das war Stand der Dinge gestern. Ich weiß jetzt schon, dass das uns noch ein paar Wochen beschäftigen wird. Am Wochenende kaufen wir Heizdecken.

Wirkliche Aufregung verursacht uns das eigentlich nicht mehr. China eben. Trotzdem etwas, was hier eindeutig anders läuft. Wenn man in Deutschland ein Problem hat, ist das auch nicht witzig. Handwerker lassen drei Wochen auf sich warten, sagen dann, sie kommen Montag zwischen acht und zwölf Uhr, stehen um sechs Uhr auf der Matte, reparieren alles zu zweit und berechnen die Arbeit für vier. Dafür geht dann wenigstens alles.

Hier gilt ein anderes Prinzip: Wenn es ein Problem gibt, werden erst einmal *alle* möglichen Lösungen in aufsteigender Abfolge des Aufwands ausprobiert. Man arbeitet hier ungern mehr als wirklich nötig.

Mehr Licht

Ich kann mich noch gut an die erste Fahrt vom Flughafen in die Stadt erinnern. Frühmorgens von Pudong in die Innenstadt. Unser beider Gedanke beim Anblick unzähliger hässlicher Hochhäuser, eines grauer als das andere: »Unsere neue Heimat. Na bravo.«

Schanghai ist wirklich keine Stadt für den ersten Blick. Ich habe sogar schon Menschen aus Edinburgh mit mehr Recht ihre Heimatstadt ob ihrer Schönheit preisen hören. Frankfurter sprechen gerne von ihrer Skyline und sind sehr stolz darauf. Im Vergleich zu Schanghai wirkt das, als würde sich Dubai mit seinem weitläufigen Skigebiet brüsten.

Laut Wikipedia gibt es hier 430 Gebäude mit einer Höhe von mindestens hundert Metern. Die meisten von ihnen wurden von Betonfans mit ausgeprägter Ästhetik-Legasthenie errichtet. Gerade wenn es, besonders im Winter, manchmal kalt und grau ist, braucht man schon ausgesprochen viel Fantasie, Lebensfreude, Ablenkung oder Alkohol, um nicht in Depressionen zu verfallen.

Wo Beton allein nicht für Tristesse ausreicht, hilft man mit vor die Fenster gehängter Wäsche nach. Chinesen sind felsenfest davon überzeugt, dass Wäsche nur dann wirklich sauber wird, wenn sie Tageslicht gesehen hat. Abgase einer achtspurigen Autobahn vor dem Balkon sind dabei nebensächlich, aber das ist ein anderes Thema.

Manche wirklich hässliche Städte könnte man noch mit »morbidem Charme« euphemisieren (Lissabon, du bleibst eine Zumutung), in Schanghai geht noch nicht mal das. So sehr ich die Stadt liebe, am Tag sieht sie aus wie die sehr düstere Vision einer Endzeit, bei der zu viele Menschen überlebt haben und alle Auto fahren.

Nachts macht Schanghai dafür alles wieder wett. Als hätte die Stadt ein schlechtes Gewissen, wird nach Sonnenuntergang alles, was aus Stein, Beton, Glas oder schlicht vorhanden ist, in sechzehn Millionen Farben beleuchtet. Hochhäuser, Straßen, Bäume – es gibt wenig, was man nach chinesischer Auffassung nicht mit ein paar Glühbirnen aufmotzen könnte.

Dabei folgt man keinem erkennbaren ästhetischen Konzept. Viel hilft viel. Manche Gebäude sehen aus, als hätte sich ein Regenbogen über ihnen erbrochen, andere sind nur schwer ohne Sonnenbrille zu betrachten. Aber auf eine seltsame Art und Weise sieht es grandios aus. Ich kann mich noch jeden Tag über jede neue Leuchtquelle freuen.

Dieses Jahr besonders auffällig: Weihnachtsdeko. Langsam, aber sicher scheinen Chinesen (zumindest in Schanghai) auf den Geschmack zu kommen in Sachen Christmas & Co. Eigentlich nur nachvollziehbar, die Feiertage bieten viel, womit man in China viel anfangen kann: Es gibt Geschenke, man kann was leuchten lassen, und ein besonderer Anlass für Lärm ist es noch dazu. Ich liebe Weihnachten wirklich sehr, aber »Winter Wonderland«, aus zwölf Megafonen schallend, gesungen von zwanzig Chinesen im Stimmbruch, untermalt von synthetischen Glocken, ist nicht festlich. Auch nicht drollig.

Dafür sind pink beleuchtete Palmen, Autobahnen in Neonblau und bestrahlte Nussknacker in Godzilla-Größe einfach toll. Schräg, aber toll.

In Love with Schanghai: Lieblingsorte

Wenn man längere Zeit in Schanghai lebt, nimmt man vieles schon gar nicht mehr wahr. Die menschliche Psyche ist schon etwas Tolles – zumindest scheint es sehr wirksame Mechanismen zu geben, die es ermöglichen, 24/7 Hupen, Geruchsinseln aus der Hölle und den Smog, bei dem in Deutschland wahrscheinlich schon evakuiert würde, nicht mehr wirklich zu registrieren.

Wahrscheinlich würde man sonst auch mehr Menschen am Rande von Hochhausdächern stehen sehen.

Gleichzeitig fiel mir gestern auf, dass ich sehr viel Grandioses und Schönes schon als Selbstverständlichkeit erachte. Aber wahrscheinlich geraten auch Pariser nicht mehr jeden Tag über den Eiffeltum in Entzückung.

Liebling Nummer eins ist der Tourismuskracher und kriegt in Sachen Originalität null Punkte. In etwa so sehr Geheimtipp wie der Times Square in New York, aber einfach wirklich toll: der Bund.

Auf der einen Seite Kolonialbauten aus dem neunzehnten Jahrhundert, auf der anderen Seite die Skyline von Pudong. Wirklich sehenswert und wahrscheinlich von der Stadt- und Landesregierung ausschließlich zum Angeben auf internationalem Niveau konzipiert.

Zur Expo hat man alles auch noch schick modernisiert und neu gebaut – nun, man kann am Huangpu entlangschlendern, ohne als Roadkill zu enden.

Kein Liebling in Schanghai ohne Meinung. Sehr subjektive *Dos and Don'ts*:

Auf jeden Fall:
- Abends an den Bund gehen.
- Die psychedelische Schizo-Bahn unter dem Huangpu
  benutzen. Ganz großes Tennis.
- Drinks in einer Bar mit toller Terrasse nehmen. Ich
  liebe »Mr. und Mrs. Bund«, im Sommer lieber noch
  die Vue-Bar – dort sieht man beide Seiten des Flusses.
- Im Park Hyatt auf den Bund runterblicken.

Besser nicht:
- Nach 22.30 Uhr an den Bund gehen – dann werden
  die Lichter ausgemacht.
- Sonntagsbesuche: Nur für Menschen, die das Oktoberfest am Samstag nett, aber noch nicht voll genug
  fanden.
- Dem Ruf in die Glamour Bar und Bar Rouge erliegen.
  Furchtbar (siehe Nachtproleten).
- Anstehen, um in Pudong auf die Aussichtsplattform
  zum World Financial Center zu kommen. Deutlich
  schneller (und günstiger) ist ein Drink im Park Hyatt
  fünf Stockwerke tiefer.

Bewegt mich

In China ist Weihnachten nun wirklich nicht Tradition, und eigentlich sollte man davon außer einem Mehr an Beleuchtung eigentlich nicht wirklich viel mitbekommen – heute war es aber so unglaublich ruhig und leer auf den Straßen, dass wir uns kurz gefragt haben, ob sie alle spontan ausgewandert sind. In jedem Fall haben wir den erstaunlich ruhigen Tag ausgiebig dazu genutzt, ein paar Ecken von Schanghai zu erkunden, die wir noch nicht kannten. Da uns zum eigenhändigen Autofahren sowohl Fahrerlaubnis als auch Lebensmüdigkeit fehlen, tun wir dies per Metro und Taxi. Auch wenn es an manchen Ecken schon arg knarzt – öffentliche Verkehrsmittel sind hier fast eine Ode wert.

Ich habe in Deutschland nie so ganz verstanden, was an öffentlichem Nahverkehr so wahnsinnig schwierig ist. Um im Rhein-Main-Gebiet mit der S- oder U-Bahn (eine Unterscheidung, die sich mir bis heute nicht wirklich erschlossen hat) von A nach B zu kommen, braucht man den Orientierungssinn eines Pfadfinders und die intellektuellen Fähigkeiten eines Informatikdoktoranden. Und Engelsgeduld. Selbst als Einheimischer hatte ich schon mehr als einen Nervenkollaps an einem RMV-Fahrscheinautomaten – für jemanden außerhalb unseres Kulturkreises müssen diese Dinger unverständlicher als ein Mayakalender sein.

Schanghai kann das deutlich besser: Hier kommen auch Orientierungslegastheniker wie ich an ihr Reiseziel. Verbindung finden, Ticket kaufen, in der richtigen U-Bahn sitzen – eine Sache von drei Minuten. Mal ganz davon abgesehen, dass es unfassbar günstig ist. Der Flughafen von Pudong liegt von uns aus etwa fünfzig Kilometer entfernt am anderen Ende der Stadt – das Ticket dorthin kostet 9 Yuan. Etwa 1 Euro. Einfach und billig würde ja fast sogar schon reichen, aber zudem ist die Metro noch pünktlich, immens hoch getaktet und dazu noch blitzsauber. Im Hochsommer außerdem ein herrlich schneller Kühlschrank.

Schanghai hat mit derzeit 420 Kilometern das längste und am schnellsten wachsendste U-Bahn-Netz der Welt. Dabei haben die Chinesen erst 1995 damit angefangen. Mehr als hundert Jahre Vorsprung – und was ist in Deutschland dabei rumgekommen? Dreizehn Preisstufen und das Neun-Uhr-Monatsticket.

Zugegeben, zur Rushhour an Hauptknotenpunkten braucht man viel Langmut oder eine Waffe – aber trotzdem ist die Metro ein echtes Plus auf dem Konto Schanghais. Sie ist selten leer, aber immer sehr pünktlich.

Die Metro allein macht die Stadt schon deutlich einfacher, Schanghais wahres Geschenk an die Menschheit sind aber die Taxis. Ich habe sie ja schon an anderer Stelle gelobt – sie machen das Leben so viel einfacher hier, dass ich fast einen Gedichtband über sie schreiben möchte.

Gut, sie haben natürlich ein paar deutliche Defizite: Die Fahrzeuge sind zu neunzig Prozent nicht auf dem letzten Stand der Technik. Nicht mal auf dem vorletzten. Mit dem Fahrer kann man auch mal Pech haben. Manchmal wünscht man sich geruchsdichte Fahrerkabinen oder zumindest keinen Sekundenschlaf des Fahrers während der Fahrt auf der Stadtautobahn. Noch dazu sind die Taxifahrer alle Schanghainesen mit ganz eigenem Dialekt. Kommunikation wäre bisweilen auf Klingonisch einfacher. Zudem werden bei Regen Taxis hier unsichtbar. Dennoch überwiegen die Vorteile.

Es gibt sie *überall*. Ich stand schon an wirklich verlassenen Ecken. In kleinsten Gassen oder direkt an einer zehnspurigen Ausfahrtsstraße zwanzig Kilometer vom Stadtzentrum – nach spätestens zehn Minuten kam immer ein Taxi vorbei. In den meisten deutschen Großstädten findet man leichter zufällig das Ende des Regenbogens als auch nur ein einziges Taxi.

Außerdem kennen sie sich aus. Wie oft habe ich in Deutschland schon Fahrer durch ihre eigene Stadt lotsen müssen – hier scheinen alle die Ortskenntnis eines Supercomputers zu haben. Das Unglaublichste: In der geldgeilsten Stadt der Welt schaltet man das Taxameter aus, wenn man sich verfahren hat.

Billig sind sie auch noch. Selbst nach der zweiten Preiserhöhung in kurzer Zeit: Für 30 Yuan kommt man in der Stadt so gut wie überallhin. Abgerechnet wird zu neunzig Prozent nach Wegstrecke und nicht nach Zeit. In Deutschland kostet das Einsteigen schon mehr als hier eine Stunde im Berufsverkehr.

Häufig liest man von unterschiedlichen Qualitätsstufen der einzelnen Taxigesellschaften (zu erkennen an der Autofarbe). Das habe ich so noch nicht nachvollziehen können, aber ich achte auch nicht sehr darauf. Was sich jedoch lohnt, ist ein Blick auf die Taxilizenz: niedrige Nummer, gute Nummer. Taxifahrer haben eine sechsstellige Lizenz – alles unter 200 000 lässt auf Erfahrung schließen, ab 300 000 aufwärts lässt die Ortskenntnis manchmal nach. Ein Fahrer mit einer fünfstelligen Lizenznummer ist ein Gott der innerstädtischen Navigation.

Dazu haben sie noch Sternchen im Hausaufgabenheft, sprich: ihres Taxiausweises. Je mehr Sterne, desto besser ist der Fahrer angeblich. Zumindest macht es den Anschein, als ob was dran wäre.

So oder so – in kaum einer Stadt dieser Größe kann man sich so schnell, einfach und billig fortbewegen. Dafür verdient Schanghai Lobgesang. Wirklich.

Attraktionen? Bitch, please

Wenn es wärmer wird, bekommen wir häufiger Besuch. Aber Hamburg hat wahrscheinlich auch nicht gerade im Januar Hauptsaison. Gerade kürzlich haben wir zwei sehr nette Abende mit Freunden aus Deutschland verbracht. Eine der ersten Fragen von Schanghai-Touristen lautet meist: »Was sollte man sich denn alles ansehen?«

Auch nach einer halben Stunde Überlegen und Diskussion, sind uns ums Verrecken nicht mehr als drei bis vier Sehenswürdigkeiten eingefallen. Ausnahmsweise liegt das aber nicht an meiner Ignoranz, sondern wirklich an der Stadt. Eine Kurzumfrage unter unseren hiesigen Freunden ergab: Schanghai zieht mit 25 Millionen Menschen in Sachen Attraktionen sogar gegen Lübeck den Kürzeren.

Bei jeder anderen Stadt dieser Größe fallen einem Tausende Hotspots ein. New York hat den Times Square, das Empire State Building, die Freiheitsstatue, das MoMA, SoHo, TriBeCa, Grand Central Station, Rockefeller Center, Ground Zero, Wall Street, das Guggenheim-Museum, Central Park, Fifth Avenue und so weiter, und so weiter. Sogar in Darmstadt fallen mir aus dem Stand fünf sehenswürdige Plätze ein. In Darmstadt!

Schanghai ist da eher mau. Der Bund, klar. Die Skyline von Pudong samt Pearltower und SWFC. Yu-Yuan-Garten, wenn man Menschenmassen liebt. Dazu noch

Tian Zi Fang für das Chinafeeling und Nanjing Dong Lu als Therapie für Agoraphobiker. Peoples' Square mit einem Museum (für Stadtplanung!) und einer Oper – die sind aber auch schon deutlich weniger beeindruckend. Das war's. Man kann im Grunde die Sehenswürdigkeiten der Stadt an einem Tag runterreißen, dann wieder zurückfliegen und trotzdem behaupten, Schanghai gesehen zu haben. Aber es wäre ein Jammer – die Stadt ist toll, auch ohne *die* Highlights.

Einer meiner größten Lieblinge ist zu groß, um noch als Sehenswürdigkeit durchzugehen: die Former French Concession. Das, was heute Xuhui und Luwan ist, ist mit das Schönste, Tollste und Wundervollste, was Schanghai zu bieten hat. Erst mal sieht es aus wie das uneheliche Kind von Paris und Peking. Viele kleine Straßen von Platanen umsäumt. Ein paar davon weniger klein und kilometerlang (Fuxing Lu). Tausende kleiner Läden, Restaurants, Bars, Boutiquen. Immer wuselig, aber nie wirklich nervig.

Ein perfekter Tag in Schanghai ist ein Tag mit Sonne, blauem Himmel und viel Zeit in der French Concession (wer in Schanghai niemanden beleidigen möchte, vergisst niemals den Zusatz »Former«). Mehr Lebensqualität ginge nur noch mit besserer Luft. Aber ich will nicht gierig sein.

Meine absoluten Lieblinge:

■ *Anfu Lu:* Allein schon wegen des genialen Dreigestirns Schanghaier Expat-Gastronomie: Mr. Willis, Mi Thai und La Strada. Zudem ist die Anfu Lu eine der wenigen Straßen, auf denen es tatsächlich Straßencafés gibt. Außerdem lohnt sich für den Limonenkäsekuchen von Baker & Spice beinahe ein Mord.

■ *Wulumuqi Lu:* Direkt um die Ecke und der wildeste Mix aus Geschäften, den ich je gesehen habe. Nichts für Menschen, die die Stille lieben, es ist schon etwas … eng. Dafür findet man todsicher einen Laden, den man schon immer gesucht hat.

■ Bei Expats beliebt: die *Avocado Lady.* Jeder, der hier länger lebt, kennt den kleinen Shop, in dem man wirklich nur Westler sieht. Die besten und günstigsten Avocados der Stadt sind nur ein Grund; Mozzarella, Rotwein, Basilikum, Olivenöl – der Wuselladen hat sich auf all das spezialisiert, was Laowais gerne essen und trinken, wenn sie vergessen wollen, in China zu leben. Außerdem ist es oft der einzige Ort Schanghais mit einer erkennbaren Ladenschlange.

■ *Tianzifang auf der Taikang Lu:* Kein wirklicher Geheimtipp und meistens bevölkert von Laowais auf Kurzbesuch in Schanghai. So authentisch wie Disney World, aber wen stört das schon. Es ist wirklich schön. Nette Restaurants, viele Galerien, draußen sitzen, klönen (und trinken). Eine Oase. Wenn auch keine stille.

■ *Donghu Lu:* Perfekter Platz für den Abend, wenn man vorhat, sich maximal fünfzig Meter zu bewegen. Günstige Teppanyaki-Restaurants en masse (wenn auch voller betrunkener Westler), ein paar der nettesten Bars Schanghais (Monkey Lounge, Dakota, Constellation um die Ecke), und immer ist was los. Wenn nicht dort, wo man gerade ist, dann spätestens im Nachbarladen.

Schanghai braucht keine Sehenswürdigkeiten. Hat die Stadt gar nicht nötig. Ich hasse die Floskel zwar, aber hier passt sie ausnahmsweise mal: Einfach mal treiben lassen. Lohnt sich.

Preisfragen

In kaum einer Stadt auf der Welt dreht sich so viel ums Geld wie in Schanghai. Verglichen mit der hiesigen Hetzjagd nach Reichtum, wirken manche Londoner Investmentbanker wie bescheidene Dorfbewohner. Unternehmer, Manager, Expats, Schuhverkäufer, Gemüsehändler, Ayis – sie alle eint die große Gier. Festzustellen, dass Geld in Schanghai wichtig ist, ist wie zu sagen, dass Fische dem Wasser etwas abgewinnen können.

Am erstaunlichsten finde ich dabei die großen Preisunterschiede im Vergleich zu Europa – in beiden Richtungen. Im Durchschnitt sind die Lebenshaltungskosten hier niedriger – solange man nicht darauf besteht, exakt so wie in Deutschland zu leben. Wer nicht auf Wölkchenpudding, Rohmilchkäse oder Bärchenwurst verzichten kann, sollte das Auswandern nach China aber sowieso noch mal überdenken.

Vieles ist fast unfassbar billig, andere Preise sind dafür so unverschämt, dass auch Marie Antoinette wohl hüsteln würde. Eine beliebige Auswahl.

■ *Wirkliche Billigprodukte:* Erst mal fast alles, was ohnehin in China produziert wird. Also sehr viel. Besonders erstaunlich: Elektrogeräte. Die amerikanische Handelskette Best Buy musste sich letztes Jahr schon vom Markt trollen, weil sie bei den hiesigen Preisen (und damit Margen) nicht mithalten konnte. Ich möchte manchmal nicht wissen, was die wirklichen Produktionskosten sind. Für 10 Euro gibt es in Deutschland fast nicht mal eine DVD. Geschweige denn einen Player.

■ *Dienstleistungen:* Egal worum es geht, in China gibt es immer jemanden, den man beauftragen kann, es für einen zu tun. Haus putzen, Hunde ausführen, in Schlangen anstehen, im Internet bestellen, Cheeseburger liefern – Arbeitskraft ist durch 150 Millionen Wanderarbeiter ausgesprochen billig. Mein persönlicher Favorit ist der McDonald's Lieferdienst (den ich aus Rücksicht auf unsere Waage nicht häufig in Anspruch nehme). Für 1 Euro Aufpreis bringen sie auch eine kleine Portion Pommes vorbei.

■ *Maßgeschneidertes:* Ob Anzug, Hemd, Schuhe oder Handschuhe – es gibt wenig, was man sich hier nicht auf den Leib schneidern lassen kann. Dabei ist die Auswahl und Preisspanne riesig. Anzüge gibt es ab 50 Euro maßgeschneidert im Fabric-Market – allerdings sieht man darin manchmal aus wie dem Zirkus entflohen, Qualität ist eher Glückssache. Dafür bekommt man an einer anderen Ecke für den Preis eines guten Anzugs von der Stange in Deutschland einen maßgeschneiderten aus feinstem Tuch. Hemden gibt's dann meistens (fast) umsonst noch mit dazu.

■ *Essen:* Ich kann mir nicht vorstellen, dass man in irgendeiner sonstigen Weltmetropole so günstig (und gut) essen kann wie in Schanghai. Dabei meine ich nicht nur Straßenstände – je nach persönlicher Toleranzschwelle in Sachen Hygiene und Zutatenherkunft geht es hier immer noch ein bisschen billiger. Wer Grundrechenarten beherrscht, hält sich allerdings besser fern von Angeboten wie »zwei Rinderfiletspießen mit Gemüse für 2 Yuan (25 Cent)«. Für diesen Preis müsste man Rinder in der Innenstadt mit der Hand einfangen und sofort verarbeiten können. Was man mit Tieren wie Ratten oder Katzen durchaus kann.

Aber auch alle anderen Formen der Nahrungsaufnahme sind deutlich günstiger als in Europa. Essen im Restaurant mit durchschnittlicher chinesischer Küche für zwei Personen kostet um die 200 Yuan, und sogar Michelin-gekrönte Küche ist sicher 25 Prozent günstiger als bei uns. Oft ist essen gehen deutlich einfacher und günstiger als selbst kochen. Mit ein Grund dafür, warum ich mit meinem Schatten mittlerweile ganze Häuserzeilen verdunklen kann.

▓ *Luxusgüter:* Im Grunde alles, was in Sachen Marke über H&M hinausgeht. Das gilt für Kleidung wie für Schmuck oder Kosmetik. Manche Marken sind in China so unverschämt teuer, dass man ständig nach der versteckten Kamera sucht. Schuld sind die immense Nachfrage (140 000 US-Dollarmillionäre allein in Schanghai) sowie Steuern, Zoll und Sonstiges, die Waren hier bis zu 57 Prozent teurer machen als in Europa und den USA.

Der Luxusmall »Plaza 66« fehlt damit tatsächlich nur noch eine Ziffer zum Teuflischen. Meine ansonsten zauberhafte und anmutige Frau mutiert angesichts der unverschämten Preise daher auch mal zum Werwolf.

▓ *Milchprodukte:* Eigentlich nur logisch: Um Milch in Mengen wie in Deutschland zu bekommen, müssten für 1,3 Milliarden Chinesen etwas mehr als 200 Millionen Kühe bereitstehen. Milch trinkt hier aber kaum ein Mensch freiwillig, der älter als drei ist. Käse ist so verbreitet wie bei uns Algensalat – es gibt ihn, aber er ist kein Verkaufsschlager. Importieren ist teuer, für den Preis von Hüttenkäse kann man in Deutschland schon fast nach Mallorca fliegen. Daher wird Käsefondue angesichts von zwanzig Euro für Emmentaler auf absehbare Zeit wirklich die Ausnahme unseres Speiseplans bleiben.

◼ *Wein:* Tut uns als mittlerweise zweifelsfreien Borderline-Alkoholikern besonders weh. Wo man in Deutschland für 2 Euro die Flasche vom Winzer schon recht passablen Alltagswein bekommt, kriegt man hier für das Doppelte nur einheimische Produkte. Wein würde ich dieses Getränk nur ungern nennen wollen. Wir haben angesichts trinkbaren, günstigen französischen Rotweins bei Metro schon kleine Anfälle der Entzückung bekommen. Man wird bescheiden.

◼ *Strom:* Ich möchte nicht wie ein Spießer klingen, er ist aber schon überraschend teuer. Ohne Klimaanlage oder elektrische Heizung ist es, sagen wir, unkommod in Schanghai. Sicher ein Luxusproblem, und damit sollte ich einer schwitzenden/schockgefrorenen, energiesparenden, chinesischen Durchschnittsfamilie schon mal gar nicht kommen. Aber fast 700 Euro Stromrechnung hatte ich bisher noch nicht. Dafür kostet Wasser so gut wie nichts.

Alles in allem ist das Leben in China jedoch günstiger. Wahrscheinlich kommt es einem dennoch manchmal nicht so vor, weil es keinen größeren Schein als eine 100-Yuan-Banknote gibt. Damit fühlt sich jeden Monat das Mietezahlen allein schon wie ein Kokaindeal an.

Werbeversprechen

Ich habe es mir fest vorgenommen: keine Witze über Chinglisch. Aber was man hier manchmal als Übersetzung sieht, ist schon mehr als drollig – allerdings verstehe ich Chinesisch nicht, noch kann ich irgendetwas lesen, geschweige denn schreiben. Es ist, als würde sich ein Chinese über deutsche Rechtschreibfehler lustig machen. Wer keine Ahnung hat, hält sich lieber ein wenig zurück. Trotzdem.

Was ich wirklich ganz großartig finde, sind einige Übersetzungen von Geschäften, Marken oder Dienstleistungen. Im Chinesischen ergibt alles sicher einen Sinn, der sich mir natürlich nicht erschließt. Wie man mir wiederholt versichert hat, ist vieles, was man hier liest, nicht nur sinnvoll, sondern auch richtig schön – im Englischen ist es einfach nur wunderbar verschroben. Daher ganz ohne Häme aber mit einem zwinkernden Westauge im Folgenden ein paar traumhafte Werbeversprechen.

Der Name eines DVD-Shops auf der Hong Mei Lu: »Awesome Movies Shop«. Hier wird vorsortiert. Was nicht großartig ist, kommt gar nicht erst ins Regal.

Eine Bäckerei, direkt daneben: »One Hand Bakery«. Den Betreiber muss ich kennenlernen. Der Rick Allen des Backhandwerks.

Eine Klinik in der French Concession: »Diarrhea Clinic«. Spezialisierung ist alles.

Aufschrift auf unzähligen Produkten: »Nice Taste«.

Und da soll noch mal jemand behaupten, Geschmack sei subjektiv.

Ein Club in Hongkong: »Club Of Perfect Life«. Ganz Europa müht sich auf dem Weg zum erfüllten Leben ab, dabei ist es einfach ein Nachtclub in Hongkong.

Wenn ich mal einen Laden in Schanghai aufmache, nenne ich ihn »Die Erfüllung aller Träume. Jetzt fünfzig Prozent billiger.«

Die »goldene Woche«

Wir sind jetzt also im Jahr des Drachen. Der Anfang war schon mal wie erwartet sehr chinesisch. Das Neujahrsfest ist nicht nur das Wichtigste im chinesischen Mondkalender, es ist hier auch jedes Jahr ein fröhlicher Versuch, die Stadt in die Luft zu jagen. Die schiere Menge an Feuerwerkskörpern ist unfassbar. Tagelang ist Schanghai ein Traum für alle, die Krieg super, aber noch nicht laut genug finden. Höhepunkte sind dabei die Neujahrsnacht selbst und der fünfte Tag – dann wird der Gott des Geldes mit Krach begrüßt und freudig gestimmt.

Ich habe keine Ahnung, wie viel Schwarzpulver in diesen Tagen verschossen wird – es reicht aber, um die ohnehin nicht klare Bergluft der Stadt um ein Fünffaches zu verschlechtern.

Ein Zitat aus der *China Daily*: »In Schanghai, the real-time air quality monitoring and forecasting system showed that the local pollution index jumped from below 100 at 8 pm on Sunday to 439 at midnight on Monday, a time span that coincided with frequent ignitions of fireworks. According to China's environmental standards, readings below 50 indicate ›excellent‹ air quality, while results of up to 100 are considered to be ›good‹. Anything above 100 is a sign of pollution.«

Und es ist sehr, sehr laut.

Abgesehen von der Akustik eines Krisengebiets, hat diese Zeit des Jahres noch einen fantastischen Nebeneffekt: Alle sind weg. Zur »goldenen Woche« fährt jeder zur Familie – auch wenn es einen Monatslohn kostet und einen mehrtägigen Trip bedeutet. Zusammen mit der zweiten »goldenen Woche« im Oktober ist es jedes Jahr aufs Neue die größte Völkerbewegung der Welt.

Auf der Website der chinesischen *Tagesschau* ist diesbezüglich zu lesen: »Statistiker haben herausgefunden, dass in der Zeit rund um das Neujahrsfest rein rechnerisch jeder Chinese mindestens einmal irgendwo hin- und zurückfährt. Insgesamt werden über drei Milliarden Trips unternommen – das sind doppelt so viele wie noch vor zehn Jahren, als es weniger Wanderarbeiter, weniger Mobilität und weniger Millionenstädte gab. Damit dürfte dieses Neujahrsfest einen neuen Rekord brechen. Allerdings nur bis zum nächsten Jahr, wenn noch mehr Reisende erwartet werden.«

Auch die meisten meiner Kollegen kehren der Stadt für eine Woche den Rücken. Unsere Strategie ist schon seit Beginn antizyklisches Reisen – wann sonst hat man die Stadt für sich. Wirkt fast schon gespenstisch. Sollen die anderen ruhig nach Thailand fliegen – wir genießen die Stille. Relativ gesehen zumindest. Da wir ohnehin nicht bei Cocktails mit kleinen Schirmchen am Strand liegen, haben wir entspannten Urlaub heute mal anders interpretiert: nervenschonend einkaufen. Man wird hier etwas sonderbar.

Carrefour ist schon mal vielversprechend: Sogar Satans Promotionhostessen haben scheinbar die Megafone abgelegt und sind nach Hause gefahren. Himmlisch.

Aber es ist ja häufig so – immer wenn es gerade gut läuft, wird man übermütig. Laut Wikipedia bezeichnet die Hybris (griechisch »Übermut, Anmaßung«) eine

Selbstüberhebung, die unter Berufung auf einen gerechten göttlichen Zorn, die Nemesis, gerächt wird. Wir fahren zu IKEA.

Ich finde es noch immer unverantwortlich, dass man dem Iran mit Sanktionen droht, das schwedische Möbelhaus aber ungestraft Milliarden Menschen in den Wahnsinn treibt. Aber ich will mich nicht noch einmal aufregen.

Zumindest weiß ich jetzt, wo die fünf Millionen Bewohner Schanghais hingehen, wenn nicht in ihre Heimatstadt – in die IKEA-Filiale in der CaoXi Lu. Vor meinem inneren Auge hatte ich schon menschenleere Gänge gesehen, in denen ich freudig umhertanze und meine Frau lächelnd ermutige, noch ein paar Dutzend Kerzen mehr zu kaufen. Denkste. Aber sogar trotz der Massen war es letzten Endes nicht tragisch. Wir bleiben bei unserer Strategie: Schanghai genießen, solange es gerade kein anderer tut. Ist selten genug.

Auf die Vorurteile, auf die Zwölf

Heute wäre es um ein Haar passiert: der unschöne Tod auf Schanghais Straßen. Sie haben es ja schon ein paarmal probiert – es wird aber immer knapper. Ich weiß zu wenig über den Glauben an die Nachwelt in China, aber mein heutiger Taxifahrer zumindest wollte mich wohl dorthin mitnehmen.

Nachdem uns ein Minivan auf der Nebenspur beinahe gerammt hätte, ist er Amok gelaufen: Verfolgungsjagd auf der Stadtautobahn, abdrängen, hupen, Teleskopschlagstock zücken, aus dem Fenster pöbeln und prügeln. Kompletter Blutrausch. Ich hätte ihn ja liebend gerne beruhigt, aber für ein »Können wir bitte langsam fahren und nicht sterben?« reicht mein äußerst geringes Chinesischvokabular leider nicht aus.

Während ich noch dachte, dass meine letzten Worte nie würdevoll, sondern wahrscheinlich eher »Uuaah« sein würden, fiel mir wieder auf, wie viele Vorurteile wir Deutschen über Chinesen haben, die aber auch mal so gar nicht stimmen. Zum Beispiel ihre angebliche Ruhe und Friedfertigkeit.

Nachdem ich wieder atmen und ohne zu zittern einen Kaffee halten konnte, habe ich versucht, ein paar Vorurteile zusammenzustellen und ihren Wahrheitsgehalt zu prüfen.

■ *Chinesen sind ruhig und friedfertig:* Sind sie nicht. Man ist hier sicher nicht streitsüchtig, und ich möchte mir nicht ausmalen, was los wäre, wenn 1,3 Milliarden Deutsche zusammenleben müssten (das will man sich auch nicht vorstellen), aber sanft und duckmäuserisch ist hier sicher niemand. Dabei soll Schanghai noch recht harmlos sein. In Peking gibt es noch schneller mal was auf die Mütze.

Ist uns hier schon öfter aufgefallen – ein Handgemenge gibt es hier ziemlich zügig. Wir haben schon einige beobachten dürfen: Auf einmal wird es laut, es stehen fünfzig Menschen zusammen, und in der Mitte hauen sich zwei das Gesicht ein.

Ich bin Dorfkind, Schlägereien habe ich schon häufig gesehen, und es gibt sie sicher weltweit – aber nicht so wie hier. Chinesische Eigenheit: Im Gegensatz zum sonstigen Lärmpegel sind Prügeleien unglaublich leise. Creepy irgendwie. Erst schreien sie sich an, aber dann werden sie auf einmal ganz ruhig, wenn sie aufeinander losgehen. So haben wir es erst kürzlich in einem kleinen Dumplinglokal beobachtet: Aus dem Nichts gingen zwei Chinesen aufeinander los und sagten dabei kein Wort. Obwohl sie versuchten, sich mit Stühlen den Kopf einzuschlagen.

■ *Chinesen lächeln immer:* Na ja. Sie lächeln viel, und ich finde, man ist hier allgemein nicht gar so griesgrämig wie in Deutschland. Dass man in China aber immer nur lächelnd vor sich hin grinst, ist ein westliches Ammenmärchen. Es gibt schon ausgesprochen schlecht gelaunte Exemplare, die im Granteln einem hessischen Gastwirt in nichts nachstehen. Manchmal ist Unkenntnis ein Segen: Ich bin hier schon manchmal so auf der Straße angeblökt worden, dass ich ernsthaft Angst um die Herzgefäße meines Gegenübers hatte – verstanden habe ich trotzdem nichts. Ich kann mir ziemlich gut vorstellen, dass man mir keinen sonnigen Tag gewünscht hat, aber sicher weiß ich es nicht.

■ *Chinesen sind fleißig:* Sagen wir mal so: Ich glaube, es wird kaum auf der Welt so viel und so hart gearbeitet wie hier. Das Land läuft auf Raketensprit, und jeder Tag ist ein Konkurrenzkampf mit Milliarden von anderen, angetrieben vom Streben nach dem besseren Leben. Trotzdem gibt es hierzulande doch ganz schön viel Faulheit – was ich manchmal so an Arbeitsmoral sehe, ist eher unterirdisch. Ich meine, dabei ein Muster erkannt zu haben: »Ich tue, was von mir verlangt wird, aber auch wirklich *nur* das. Und zwar mit dem geringstmöglichen Aufwand.« Nach Ansicht des Auslands sind Deutsche ja aber auch so extrem fleißig. Kann ich auch nicht finden.

■ *Chinesen essen den ganzen Tag wirren Krempel:* Quark. Es gibt natürlich schon ziemlich viel Entsetzliches: lebendes Essen. Hunde. Katzen. Gedärm. Verfaulte Eier. Stinktofu. Die Liste an wirklich bizarrem und für Westzungen widerlichem Essen ist lang – im Alltag aber sehe ich eigentlich meist ziemlich leckere und westkompatible Speisen. Abgesehen davon ist Quallensalat gar nicht so übel, wirklich.

Premieren

Kürzlich sind wir mal wieder dem Tod von der Schippe gesprungen – beim Taxi-Roulette haben wir eine Niete gezogen und einen Fahrer erwischt, der vor Müdigkeit ständig eingeschlafen ist (natürlich während der Fahrt) *und* sternhagelvoll war. Wenn er nicht gerade schlief, sang er. Das war selbst für China ein erstes Mal. Müde sind Taxifahrer hier gerne mal (was man bei 36-Stunden-Schichten sogar nachvollziehen kann), betrunken eigentlich sehr selten. Mag daran liegen, dass zwei Wochen Gefängnis abschreckender sind als Punkte in Flensburg.

Direkt nachdem ich den Boden vor unserem Haus bei der Ankunft geküsst habe, ist mir aufgefallen, dass es sehr viel gibt, was ich in Schanghai das erste Mal in meinem Leben gemacht habe. Vieles davon wird auch das einzige Mal bleiben.

■ *Essenspremieren gefeiert:* Es gibt wohl sonst nur wenige Länder, die in Sachen Speisen vielfältiger und durchgedrehter sind. Vieles werde ich sicher nicht ein einziges Mal an meine Zunge heranlassen, etwa so Gemeines wie »drunken shrimp« (lebendige Garnelen, die in Alkohol getunkt werden, um sie zu betäuben), Schildkröten, Haifischflossen, Hühnerföten. Sehr Spezielles wie hundertjährige Eier (ein Entenei, das drei Monate lang in einem Brei aus Holzkohle, Salz und Kalk eingelegt wird). Sieht widerlich aus und war sogar Fernsehesser Andrew Zimmern zu viel. Und der Mann isst selbst Lammaugen!

Andere Sachen habe ich hier das erste Mal probiert und bin restlos begeistert: Hot Pot, Hairy Crab, Bullenfrosch, Quallensalat – hätte ich in Deutschland wahrscheinlich nie angeboten bekommen.

▨ *Lebensmittelvergiftung genossen:* Hygiene, Lebensmittelfrische und Kühlketten sind manchmal eher abstrakte Konzepte in China. Wenn man in Deutschland Lebensmittelvergiftung hört, klingt das immer ein bisschen nach Nahtoderfahrung. Dementsprechend verblüfft (und beleidigt) war ich, als ich zum ersten Mal nicht weiter als fünfzig Meter von einer Toilette entfernt sein wollte und meine Kollegen meinen Zustand mit »Oh, that's probably just food poisoning« kommentierten.

▨ *Wildfremde Menschen angeschrien:* Meistens sind sie ja zuckersüß, und in Sachen Freundlichkeit und Hilfsbereitschaft können sich die Deutschen von den Chinesen eine große Scheibe abschneiden – aber nur China schafft es, mich in Millisekunden vom Passanten zum tobsüchtigen Hulk zu verwandeln. Es tut mir hinterher ja auch immer leid, aber bei lautlosen Killern auf Elektrorollern, menschlichen Roadblocks und rücksichtslosen Taxidieben habe ich eine wirklich kurze Lunte.

▨ *Wunderheiler besucht:* Okay, die chinesische Kultur ist unserer ein paar Tausend Jahre voraus – trotzdem habe ich Qi, bizarre Kräutertees und Moxibution für ziemlichen Unsinn gehalten. Ich bin noch immer eher Fan pharmazeutischer Chemie und würde bei einem Schlüsselbeinbruch nicht sofort an Akupunktur denken, bin aber sonst vollständig bekehrt: Traditionelle Chinesische Medizin (TCM) rockt.

■ *Eine Nacht in Polizeigewahrsam verbracht:* Expats haben in Schanghai fast ein bisschen Narrenfreiheit. Natürlich halten wir uns hier an alle Gesetze, aber selbst wenn wir das nicht tun würden, würden uns Ordnungswidrigkeiten wahrscheinlich nicht in den Knast bringen. China ist wirklich sehr nett zu uns – aber eben doch konsequent. Zumindest kann ich nun bezeugen, dass chinesische Polizisten sehr nett sind, es sich mit ihnen im Zimmer aber schlechter als zu Hause schläft.

■ *Wirklich bizarre Menschen kennengelernt:* Schanghai ist das neue New York. Menschen aus aller Herren Länder strömen nach China, 150 Millionen Wanderarbeiter und 26 Millionen Menschen in der Stadt – da verwundert es eigentlich nicht, dass da auch ein paar interessante Lebensläufe dabei sind. Um peruanische Alpakafellhändler, kantonesische Bordellmütter, schanghainesische Milliardäre, südafrikanische Baukranmogule und kanadisch-taiwanesische Kinderbuchcartoonisten kennenzulernen, hätte ich in Frankfurt sicher ein paar Jahre gebraucht. Ich möchte nicht einen Abend mit solchen Menschen missen und hoffe, dass noch ein paar Freaks hinzukommen.

Wetterfühlig

Wenn man sich über das Klima in Schanghai schlau-macht, fallen Informationen meist in eine von zwei Kategorien. Reiseführer und Onlinedienste sind meist eher faktisch und nüchtern. *Die Zeit* zum Beispiel konstatiert: »Schanghai entwickelt ein Klima mit vier ausgebildeten Jahreszeiten, wobei Sommer und Winter länger als Frühling und Herbst ausfallen.«

Anders, imposanter und vor allem drastischer fallen Antworten aus, wenn man Expats, am besten aus Deutschland, befragt – dann fallen gerne Sätze wie: »Der Winter hier ist zwar auf dem Thermometer nicht so kalt, aber durch die Feuchtigkeit geht er durch und durch. Kälte bis auf die Knochen, das Schlimmste überhaupt!« Oder: »Im Sommer kann man eigentlich gar nicht rausgehen, so heiß ist es. Du bist nach zwei Schritten schon total durchgeschwitzt und völlig fertig!«

Ich finde, beides ist Quatsch. Weder gibt es ausgeprägte Jahreszeiten noch krepiert man im Sommer oder Winter. Dafür gibt es ein paar interessante, teils nervige, teils wunderbare Besonderheiten:

■ *Das Wetter ist binär:* Eins oder null. An oder aus. Kalt oder warm – dazwischen gibt es in China nicht viel. Das kann sich auch gerne mal von einem Tag auf den anderen ändern. Vorgestern zum Beispiel ungemütlich frostig, gestern dafür sommerlich warm den ganzen Tag lang. Heute wieder kalt.

Ist wirklich erstaunlich – ausgeprägte Jahreszeiten haben sich damit aber schon mal erledigt. Frühling und Herbst habe ich hier noch nicht wirklich erlebt. Eher Spätsommer oder Frühwinter. Übergänge sind nicht zu erkennen. Es ist kalt, dann macht es »Puff«, und es ist warm. Dann macht es wieder irgendwann »Puff«, und es ist wieder kalt.

Ganz oder gar nicht. Was Schanghai macht, macht es richtig. Nieselregen, ein laues Lüftchen oder teilweise Bewölkung ist der Stadt zu unentschlossen.

Wenn die Sonne scheint, dann auch richtig.

Wenn es regnet, dann gießt es.

Wenn es windig wird, hat man besser alles im Garten festgezurrt.

Der Regen nervt von all dem am meisten. Dabei scheint das Wetter einen ganz eigenen Humor zu haben: Letzten Monat haben wir beide noch festgestellt: »Irre eigentlich, wie wenig es regnet und wie trocken es doch ist.« Sprach's, und es folgten vier Wochen Dauerregen. Der kann einem schon mal aufs Gemüt schlagen. Schanghai ist zwar eine faszinierende, aber nicht unfassbar schöne Stadt (zumindest nicht tagsüber). Eine Wand aus Regen und keinen Ort nicht durchnässt zu betreten, macht es nicht viel besser.

■ *Das Wetter ist subjektiv:* Bevor wir Deutschland verlassen haben, hatten wir einen wirklich knackigen Winter. Bis minus zwanzig Grad, Schnee bis zum Abwinken und klirrende Kälte. Dagegen ist der Winter in Schanghai echt lahm: Unter null wirklich nur in Ausnahmefällen, geschneit hat es dieses Jahr genau zwölf Minuten, und besonders lang ist der Winter auch nicht. Im Grunde eigentlich ein Traum, und mir war völlig unverständlich, wie einige Expats, die schon etwas länger hier sind, so jammern können über die Kälte. Memmen, dachte ich. Mittlerweile jammern wir genauso.

Ich glaube, es liegt daran, dass man sich so an lange Sommer und angenehme Temperaturen gewöhnt, dass man einfach verweichlicht. Wenn ich zwölf Grad in Deutschland eigentlich noch ganz nett fand, empfinde ich sie hier als persönliche Beleidigung und als echt saukalt.

Im Großen und Ganzen ist es eigentlich wirklich großartig. Im Gegensatz zu Deutschland hört der Winter früher als Mai auf, und verregnete, kalte Sommer sind eher selten. Dafür sind vierzig Grad natürlich auch ziemlich kuschelig – aber es gibt Schlimmeres. Memme zu werden, zum Beispiel.

TEIL 2

»HABT IHR SIE EIGENTLICH NOCH ALLE?«

Tobsucht

Es war wohl zu erwarten. Ich hatte in letzter Zeit so oft daran gedacht, wie schwierig manches ist, aber wie sehr wir uns mittlerweile doch China-tauglich und abgehärtet fühlen. Wie naiv! Ich muss wohl relativieren – manchmal ist China noch immer eine kollektive Attacke auf mein Nervenkostüm. Sonntag war ein Tag, an dem ich die Grenze zwischen Gelassenheit und Tobsuchtsanfall mehrmals überschritten habe. Ein Visum mit Mehrfacheintritt in die Welt der Cholerik.

Es fing so nett an: strahlend blauer Himmel, keine Arbeit am Wochenende, Weihnachtseinkäufe standen auf dem Programm. Es hätte so schön sein können, wenn es nicht ein paar Dinge gäbe, die aus jedem Mitteleuropäer ein Rumpelstilzchen machen können:

25 Millionen Menschen, fünf Treffpunkte

Das Highlight der letzten Woche unseres Stadtteils war die Neueröffnung eines Media Markts ganz in der Nähe. Neues ist auch in Deutschland immer eine Attraktion, und die Innenstädte deutscher Großstädte sind samstags zur Vorweihnachtszeit auch kein Vergnügen. Im Vergleich zu China ist das aber eine Butterfahrt.

Niemand weiß genau, wie viele Menschen denn nun eigentlich wirklich in Schanghai leben. Die Zahl schwankt zwischen zwanzig und dreißig Millionen. Jedenfalls sind es sehr, sehr viele Menschen – und sie haben sich alle gleichzeitig im deutschen Elektronikmarkt eingefunden.

Der Elektroroller ist das Fahrrad des modernen China. Jeder, der sich noch kein Auto kaufen kann, besitzt zumindest einen Roller (kostet bei Carrefour umgerechnet ab 100 Euro in einer einfachen Version).

Nachteil: Zwanzig Millionen Menschen auf Elektrorollern, die sich an keine erkennbaren Verkehrsregeln halten sind keine gute Idee. Allein beim Aussteigen aus dem Taxi bin ich dreimal fast überfahren worden. Sie mögen umweltfreundlicher sein als ein Geländewagen, aber den hört man wenigstens. Wer noch nie einer Kleinfamilie auf einer lautlosen Todesmaschine um Haaresbreite entwischt ist, braucht mir nicht mehr mit Nahtoderfahrung zu kommen.

Bewegt euch!

Chinesen sind Stoiker. Wahrscheinlich wird man etwas gelassener, wenn man das hinter sich hat, was die meisten Chinesen schon alles erlebt und ertragen haben in den letzten fünftausend Jahren. Leider zeigt sich das auch im alltäglichen Bewegungstempo. Chinesen. Bewegen. Sich. Im. Schnecken. Tempo.

Eigentlich sind wir es ja schon gewohnt, aber wenn mehr los ist als sonst, wird es offensichtlicher und nerviger. New York rennt. Berlin spurtet. Schanghai schlendert. Oder steht im Weg. Kaum etwas kann mich hier zuverlässiger auf 180 bringen als zwei Chinesen, die in aller Seelenruhe mit zwei Einkaufswägen einen

Gang blockieren und eine 150-Mann-Stauung verursachen. Oder einfach am Ende der Rolltreppe stehen bleiben, um das Handymenü zu erforschen.

Der Gewinner des Tages war ein Autofahrer, dem ein U-Turn auf der Hongmei Lu mit seinem Cayenne als eine brillante Idee erschien. Dreißig Minuten völliger Stillstand auf der Straße. Auf der A5 lösen sich Vollsperrungen nach Massenkarambolagen schneller auf.

Warteschlangen sind Teufelswerk

In China ist sich selbst jeder erst mal der Nächste. Das hat nicht einmal etwas mit Egoismus zu tun, sondern ist eher verwurzelt im Gedankenkonstrukt, dass nur wen man kennt, liebt oder braucht, überhaupt existiert. Guanxi. Vermutlich ist es auch schwer, auf 1,3 Milliarden Mitmenschen Rücksicht zu nehmen.

Das ändert aber nichts an der Tatsache, dass nicht alles, was allen zugutekommt, gleich verworfen werden muss. Anstehen gibt es nur in der Theorie. Macht einen besonders in der Metro zum Hulk. Ich begreife nicht, was ums Verrecken so schwer daran zu verstehen ist, dass es einfacher ist, erst alle *aussteigen* zu lassen, bevor man *einsteigt*. In Schanghai erinnert das Betreten der U-Bahn an einer überfüllten Station zu Stoßzeiten erstaunlich an mittelalterliche Kriegsschlachten. Zwei Horden von Menschen rennen aufeinander zu, die entschlossensten bleiben stehen (und ergattern einen Sitzplatz).

Das Gleiche an allen Orten, an denen man in Europa anstehen würde (außer in Italien vielleicht): Jede Sekunde Zeitgewinn ist wichtig – und sei es, um einen

McDonald's-Burger das kleine bisschen früher in der Hand zu halten als der Nebenmann.

Nachdem ich also zehnmal fast überfahren wurde, zwölfmal abgedrängt und über vierzig Chinesen im Zeitlupentempo gestolpert bin, ist es passiert: Ich habe sie angeschrien. Wüst beschimpft. Der völlige Blutrausch.

Es war wahrscheinlich das einzige Mal, dass es ein Vorteil war, nicht Chinesisch zu sprechen, meine Hasstiraden hat kein Mensch verstanden. Ich achte jedoch darauf, zumindest Schimpfwörter zu verwenden, die auch mit rudimentären Deutschkenntnissen schwer zu verstehen sind. »Behinderter Arsch-Schlumpf«, »Hirnamputierte Kacknase« und »Rücksichtsloser Pissfrosch« haben mich vermutlich vor einem Handgemenge und Verhaftung bewahrt.

Direkt danach habe ich mich in Grund und Boden geschämt. Aber ein paar Minuten Fäkalsprache und Gewaltfantasien sind hoffentlich nach mehr als einem Jahr Schanghai noch akzeptabel.

Die fünf Tore zur Einzelhandelshölle

Ich habe das Gefühl, in meinem Leben noch nie so viel einkaufen gewesen zu sein wie hier. Leider spreche ich dabei nicht von Luxusuhren, Kaschmiranzügen oder zeitgenössischer Kunst – ich spreche von Gemüse, Tierfutter und Dosengetränken. Jeden verdammten zweiten Tag stehen wir in irgendeinem Supermarkt und kommen jedes Mal mit einem Einkaufswagen raus, der beladen ist wie ein kurdischer Dorftransporter. Unsere Küchenschränke sehen aus, als wäre morgen Krieg – trotzdem haben wir irgendwie nie etwas im Haus.

Einkaufen ist Alltag. In Sachen Alltagseinkäufe teilt sich die Welt der Expats in Schanghai dabei in zwei Lager:

Gruppe A sind Hardcore-Expats die, wenn überhaupt selbst, dann in Westshops einkaufen gehen und chinesische Supermärkte meiden wie Treibsand. Die Luftwaffe in der Armee der Entsendeten – immer schön auf die weiße Uniform achten und die Flughöhe nicht verlassen.

Gruppe B sind Überintegrierte, die meist schon ein paar Jahre länger hier sind und mehr als eine Woche Europa nicht mehr ohne Nervenzusammenbruch überstehen. Diese sehen auch mit leichter Verachtung auf Gruppe A herab und sind stolz darauf, im Wetmarket ohne Ohnmachtsattacke einkaufen zu gehen. Wie Fremdenlegionäre, die gerne mal aus reiner Langeweile ein Schaf ausnehmen und häuten.

Ich hoffe, wir liegen genau dazwischen. Wir versuchen, nicht zu Chinas Luxus-Neu-Köllnern zu verkommen, sehen aber durchaus noch Alternativen zu ungekühltem Fleisch in Sommerhitze.

Schanghai ist in Sachen Alltag für Expats sehr komfortabel – außer Apfelwein und Handkäse gibt es wenig, was es nicht gibt. Hat natürlich seinen Preis – so oder so. Schanghai ist dabei nicht China, hier hat der Weg zum vollen Warenkorb fünf Tore:

1. *Kaufen wie in den USA oder Europa*

Westliche Marken sind schick – zudem leben 300 000 Ausländer in Schanghai. Supermärkte mit Westangebot gibt es zuhauf. Die größte Kette in Schanghai ist Cityshop. Alles, was man braucht, um auszublenden, in China zu sein. Grünkohl, Maccaroni & Cheese und Tiefkühlpizza von Dr. Oetker.

Meistens nicht unbedingt riesig, aber viel Auswahl aus westlichen Ländern – wie ein REWE-Markt, der sein Angebot mit US-Marken aufgemotzt hat. Macht Spaß, ist ein gegen eventuelles Heimweh wirksames Mittel (hätte nie gedacht, dass Zwiebelmettwurst therapeutische Kräfte besitzt), hat aber zwei entscheidende Nachteile.

Erstens: Underberg und Bratmaxe einfliegen lassen kostet. Oft sogar fast mit deutschem Preisniveau vergleichbar, in manchen Fällen aber auch wirklich teuer: Mozzarella für 60 RMB (6,5 Euro), Mandeln für 70 RMB, und für den Preis einer Joghurtpalette kann man in Frankfurt ein halbes Jahr parken.

Zweitens: Dieser Nachteil ist weniger offensichtlich. Die Chance, auf Menschen zu treffen, die die eigene

Sprache sprechen, ist um ein Vielfaches höher. Man gewöhnt sich das hier schnell an. Ein lockeres »Die Mastkuh in dem bunten Clownskostüm schafft es doch nie lebendig über die Straße« bleibt normalerweise ungesühnt, weil einen auf der Straße sowieso niemand versteht. Bei Cityshop kann man mal sehen, was ein einfaches »Das Kind da nervt« an Reaktionen hervorruft. Deutsches Gezeter vermisse ich nicht.

2. *Globale Marken in chinesischem Gewand*

Wir lieben Carrefour. Die Franzosen erobern China langsam, aber stetig mit großen Hypermarkets. Fünf Minuten von unserem Haus entfernt befindet sich ein solcher – es gibt im Grunde alles, was man braucht, preislich kein Luxus, und bisher haben wir noch keine Lebensmittelvergiftung davongetragen. Was hier wirklich ein Qualitätsmerkmal ist. Jeden Tag bis 22.00 Uhr geöffnet, und man bekommt hier das Beste aus beiden Welten: Kartoffelchips mit Blaubeergeschmack *und* Haribo-Goldbären. Yay.

Carrefour hat die Marke wundervoll ins Chinesische übersetzt: »Jia Le Fu« – heißt so viel wie »Haus der glücklichen Familie«. Nachteil ist auch gleichzeitig Vorteil: Wer einen Sonntagseinkauf mit Menschenmassen bei Carrefour überstanden hat, kann auch jederzeit als Gladiator arbeiten.

3. Chinesische Nachbarschaftssupermärkte

Gibt es überall und in jeder Hinsicht unauffällig. Super für einfache Dinge wie Gemüse. Einmal die Tüte randvoll machen kostet maximal 20 Yuan (2,2 Euro), sonst viele chinesische Produkte, die sich einem meist nicht erschließen, aber auch irrelevant sind, wenn man nicht gerade authentisch kochen will. Zudem meist geringes Ekelpotenzial. HuaLian zum Beispiel ist ein solcher.

4. Supermärkte für das wirkliche China

Egal ob es China-Versionen von Westmärkten wie Tesco oder lokale Ketten sind: An manchen Ecken braucht man Nerven – dafür ist ein funktionierender Geruchssinn ein Nachteil. Laut, voll und in Sachen Hygiene eine eigene Liga. Soll sich nicht arrogant anhören, aber auch Freunde von uns, die in dieser Branche arbeiten, geben zu, dass es ziemlich grenzwertig sein kann.

Allein der Lärm ist unbeschreiblich. Im boomenden China müssen Promotions für Abverkauf und Marktanteil sorgen. Daher stehen im Markt verteilt meist Dutzende Hostessen, die die Marken und Aktionen anpreisen. Jede von ihnen hat ein Megafon und keine Angst, es zu benutzen. Wo sonst bekommt man einen Tinnitus von Sojamilchwerbung?

Die neueste Masche ist, Produkte aus dem Wagen zu nehmen und mit dem Konkurrenzprodukt auszutauschen. Dem Vernehmen nach funktioniert es bombig.

Wirklich widerlich wird es dann an der Fleisch-
theke. Zwar ist das Fleisch wenigstens gekühlt, aber
in China muss Qualität anfassbar sein – was alle ausgiebig tun: Schnitzel rausholen, daran rumdrücken,
zurücklegen. Zehn Fleischbrocken betatschen, einen
mitnehmen. Wie es hier immer noch 1,3 Milliarden
Menschen geben kann und nicht Millionen jährlich
von Vergiftungen dahingerafft werden, ist mir ein Rätsel und sollte Darwin zu denken geben.

5. Authentizität versus Gesundheitsamt: Wetmarkets

Wetmarkets heißen so, weil es eine Markthalle mit vielen kleinen Parzellen ist, die am Ende des Tages mit Wasser ausgespült werden. Politisch korrekt kann man sie
kaum beschreiben.

Das Positive zuerst: Gemüse ist hier wirklich frisch.

Oft einfach ein paar Stände auf der Straße, manchmal eine kleine Markthalle in der Nachbarschaft. Hier
sieht man Westler meist nur mit Kameras. Es gibt alles,
was lebt oder mal gelebt hat (auch wenn das manchmal schon ein wenig her zu sein scheint).

Ich will ja gar nicht unken: So ein Huhn, das man
selbst zum Köpfen ausgesucht hat, schmeckt wahrscheinlich besser. Ich brauche es dennoch nicht. Im
Winter geht es ja noch, aber die Geruchskulisse von
Fisch neben offenem Fleisch im Sommer bei 41 Grad
im Schatten ist überwältigend. Das olfaktorische Äquivalent einer Güterzugkollision. Chinesen schwören
angeblich darauf – nur Fleisch, das ein bisschen gelegen hat, ist gut.

Garden Wars

Man sagt, der Gärtner sei immer der Mörder. Nur fast richtig, bald ist der Gärtner das Opfer. Seit mehreren Monaten führe ich eine Privatfehde mit unserem Gartenbeauftragten.

Als wir nach Schanghai zogen, wollten wir alles, nur eines nicht: in einem Compound leben. Am Ende der Welt mit vielen anderen Expats, um sich dann mit Deutschen in China darüber zu beschweren, dass China nicht Deutschland ist. Furchtbar. Leider ist die Auswahl in Schanghai begrenzt, wenn man wie wir sechs Haustiere sein Eigen nennt (ein anderes, ebenfalls ergiebiges Thema – dazu an anderer Stelle).

In der Theorie ist alles einfach fantastisch: Unser wundervolles Haus, das wir uns in dieser Größe und Ausstattung in Deutschland sicher nicht leisten könnten, kommt im Paket mit der Nutzung des Fitnessstudios, zweier Pools, sehr fleißigen (wenn auch völlig unnötigen) Wachpatrouillen und jemandem, der sich regelmäßig darum kümmert, dass der eigene Garten in nichts einer englischen Gartenschau nachsteht. In der Theorie.

Die Praxis ist ein Krieg, bei dem ich jede Schlacht verliere. Unser Garten sieht nach einem Jahr noch immer aus wie ein mongolischer Truppenübungsplatz. Im Grunde nicht mal schlimm, ich mag Gartenarbeit. Gartenarbeit ist nach Segeln und Brühen auskochen mit das Entspannendste, was ich kenne (auch wenn meine Frau sehr darüber schmunzeln muss). Sie lassen mich aber nicht tun, wie ich will.

Akt 1: Ich will mehr Grün, also Gras

In Schanghai leben weit über zwanzig Millionen Menschen. Es ist eine der wenigen globalen Megastädte. Hier wird der Transrapid wirklich genutzt. Mir fallen aus dem Stegreif Dutzende Restaurants ein, in denen man um vier Uhr morgens fantastisch essen kann. Man kann hier Schildkröten an der Straßenkreuzung kaufen und Krabben aus dem Automaten ziehen. Trotzdem finde ich ums Verrecken weder ein Gartencenter noch Grassamen. Es gibt sie todsicher irgendwo, ich stelle mich aber wohl zu dusselig an. Also lasse ich es den Repräsentanten unseres Landlords wissen, der meine Bitte wie immer (im Übrigen meistens resultatfolgend) mit »No Problem« quittiert. Am nächsten Tag kommt jemand mit zehn Kilo Grassamen und verteilt sie auf dem Lehmboden. Dann kommt er drei Wochen später wieder und wässert alles so lange, bis wir eine zünftige Moorlandschaft unser Eigen nennen. Natürlich wächst nichts. Zudem hat die Flut einen Teil der vorhandenen Grünfläche vernichtet.

Akt 2: Ich will wenigstens das Grün erhalten

Man wird hier wirklich geduldig und genügsam. Ich hätte es ja auch besser wissen müssen. Eine gute Freundin und erwiesene China-Expertin hatte uns ein Mantra eingebläut, um China genießen zu können: »Es ist einfach so.« Bisher sind wir damit auch ganz gut gefahren, ich gebe also meinen Wunsch auf und weiß das, was wir haben, zu schätzen: einen stellenweise ganz netten Garten, der eben nicht ganz so grün ist. Auftritt Gärtner: Als wir eines schönen Tages aus der Stadt zurückkommen, hat er aus dem wundervollen, großen und vor allem blickdichten Bambusbusch einen Bonsai gemacht. Statt zwei Meter Bambus sehen wir die Betonmauer vom Nachbarn. Bambus wächst schnell, vielleicht ist es in einem halben Jahr ja schon wieder ganz okay. Trotzdem kommen mir Gedanken an Elektrozäune und Bärenfallen.

Akt 3: Ich will doch nur ein bisschen Grün

Unsere Nachbarn haben bauen lassen. Nach nur vier Wochen Presslufthämmern und Baggern vor der Tür (in Deutschland hätte das todsicher drei Monate gedauert), schauen wir nun neidvoll in den Nachbargarten auf einen hübschen Pool.

Ich habe noch eine nette Geschichte von Dieter Nuhr im Gedächtnis: Kapuzineräffchen freuen sich wie verrückt über Gurkenscheibchen. Glücklich und zufrieden über diese Delikatesse. Gibt man jedoch einem Äffchen eine Weintraube, und die anderen bleiben bei Gurken, gibt es Unruhe. Wer will schon eine Gurke, wenn man eine Traube haben kann?

Ich fühle mich wie Äffchen mit Gurke. Ich will auch einen Pool.

Egal, im Verlauf der Bauarbeiten hat man den kleinen Bambuswald unseres Nachbarn durch eine schicke weiße Wand ersetzt. Nun ist die andere Seite unseres

Gartens ebenfalls Plattenbau. Die zweite Betonwand. Licht am Ende des Tunnels: Bambus ist zäh – kleine Triebe sprießen zu unserer Seite durch. Ich gieße sie regelmäßig, päpple sie hoch und habe ein Zutrittsverbot zu unserem Garten ausgesprochen. Nur für den Gärtner.

Gestern Morgen hat er den Bambus komplett entfernt. Er scheint früh mit der Arbeit zu beginnen, um 7.30 Uhr war es schon zu spät.

Anreiz genug, endlich mehr Chinesisch zu lernen. Brauche nur wenige Sätze zu lernen und ab sechs auf der Lauer zu sitzen: »Fass noch ein Blatt hier an, Gärtner, und sie tragen dich mit den Füßen voran raus.«

Nachtproleten

Ich komme gerade von einem für Schanghai typischen Businessevent. Mehrheitlich Expats treffen sich zum Lunch mit Anlass in einer netten Exklave, gefühlte Lichtjahre vom eher kantigen Alltag der Stadt entfernt und besprechen ... Dinge. Luxus und Büroschwänzen mit Ausrede. Manchmal erliege ich ganz gerne dem hiesigen Businesskaspergetue. Dekadent und abgehoben, aber tatsächlich wichtig für das Geschäft. Guanxi und Klüngel sind schließlich keine ausschließlich chinesische Erfindung.

Hellhörig und leicht panisch, dafür sehr erfolgreich, wurde ich dann aber gegen Ende: Ich konnte zwei Einladungen für abendliches Entertainment ausschlagen. Genauer: ein paar Drinks in der Bar Rouge. Eher sehe ich mir ein halbes Jahr die *Lindenstraße* auf Russisch an, als freiwillig einen Abend dort zu verbringen.

Schanghai ist wirklich toll und das Nachtleben einzigartig. Ich kann mir, denke ich, weder Puritanismus noch Spießigkeit (oder Abstinenz) vorwerfen lassen. Schanghais Nachtleben ist ein riesiges Plus der Stadt. Leider hat sie auch viele: Angeber-Clubs, Aufriss-Schuppen und Arschnasen-Bars. Bar Rouge spielt in dieser Liga ganz weit oben.

Nächtlich Charakterschwache haben hier grundsätzlich die Wahl zwischen zwei Optionen:

Variante 1: Enthemmung – Expat-Bars für den lokalen Aufriss

Meist in einer der typischen Westlergegenden Schanghais – Bund und Hengshan Lu stehen ganz vorne an. Meistens gar nicht mal so schick, leben mehr vom Ruf als vom wirklichen Ambiente: Bar Rouge, Glamour Bar, Zapata's – die Liste ist lang. Dafür passiert drinnen immer das Gleiche: Mehrere Rudel notgeiler Expats (meistens, aber nicht ausschließlich Männer) treffen auf eine Horde geldgeiler Locals (meistens und fast ausschließlich Schanghai-Girls).

Eigentlich könnte es mir egal sein, schließlich sind sich ja beide Parteien einig darüber, warum sie da sind. Echte Interessenkongruenz: Die einen wollen aufreißen, die anderen abgeschleppt werden. Nur in Sachen Zeithorizont gibt es andere Ansichten: Erstere finden ein paar Stunden ideal, Letztere den Rest des Lebens. Aber das müssen sie eigentlich unter sich ausmachen.

Was daran nervt, ist noch nicht mal das Schauspiel an sich. Beobachten alleine wäre sogar amüsant, nur: Sie ziehen einen immer mit rein.

Einmal zur Bar gehen und Drinks bestellen dauert etwa eine Viertelstunde (es ist immer viel los). Fünfzehn Minuten ohne Rückendeckung meiner Frau und nur bewaffnet mit einem Ehering bedeuten für mich, mindestens zwei anorektische, debil-laszive, chinesische Grinsekatzen auf High Heels auf Distanz halten zu müssen, und für meine Frau, mindestens zwei angetrunkenen, realitätsentfremdeten, dafür sehr lauten Baby-Expats zu erklären, dass das unmittelbare Beenden ihrer Ehe keine verlockende Option ist.

Beide Gruppen sind einfach nur furchtbar. Furchtbar peinlich und furchtbar anstrengend.

Die Bar Rouge ist das mit Abstand Schlimmste. Eigentlich traumhaft direkt am Bund gelegen, mit wundervollem Blick und eine Institution schon seit Jahren. Quasi das P1 Schanghais. Womit eigentlich auch schon fast alles gesagt wäre. Allabendlich gibt es auf der Terrasse eine Tradition: Eine der Bars wird in Flammen gesetzt, und alle Gäste stehen entzückt darum herum. Ich habe schon mehr als einmal gedacht, dass es viel amüsanter wäre, Anzünder *auf* die Gäste zu schütten. Es tut mir leid, aber Partypeople in Schanghai sind amüsant wie Juckreiz. Aber vermutlich hätte ich mit fünfundzwanzig auch anders gedacht.

Ich habe dann doch noch mal tief in mich hineingehorcht. Zumindest rede ich es mir ein: Nein, ich bin nicht neidisch auf die Jungen und Schönen (gehöre selbst keiner der beiden Gruppen an). Auch nicht missgünstig ob des Spaßes. Sie nerven einfach.

Variante 2: Abgehoben – Clubs zum richtigen Protzen für Chinas Jeunesse dorée

In Schanghai allein gibt es 140 000 Chinesen mit mehr als einer Million US-Dollar – die meisten haben dieses Geld in den letzten fünf bis zehn Jahren verdient.

»Neureich« ist schon in Deutschland kein Kompliment, in China ist Understatement weitgehend unbekannt, da sind Clubs wie »Richbaby«, »88« oder »Muse« keine Überraschung.

Deppen mit mehr Geld als Geschmack gibt es weltweit. Ich möchte auch keinen Nachmittag im Club 55 in Saint Tropez verbringen – China legt aber noch einen drauf. Hier wird geprotzt, dass Donald Trump noch maßvoll wirkt.

Was China macht, macht es im großen Stil – mit Geld prahlen ist da keine Ausnahme: Derzeitiger Trend ist der Champagnerkrieg. Mehrfach habe ich es beobachtet: Mehr als einhundert Flaschen für sechs bis sieben Leute bestellen. Ultimativer Gesichtsgewinn, wenn Kellner eine Stunde lang Moët anschleppen, und man außer Flaschen nichts mehr sieht. Dann ist der Nachbartisch mit Überbieten dran.

Dazu besteht in wirklich schicken Clubs meist Mindestverzehr. Der kann zu besonderen Anlässen teuer werden: 150 000 Yuan (16 000 Euro) für einen guten Tisch im M2 an Silvester ist nicht mal teuer, das wird zu Chinese New Year noch einmal deutlich teurer.

Der teuerste Drink auf der Karte im M1NT: ein »Cashbox«. Kostet 35 000 Yuan. Und da ist keine Null zu viel dran. Fast 3700 Euro. Ich gebe zu: Da werde ich fast ein wenig neidisch. Zumindest wohl auf die Millionen. Hundert Flaschen Champagner will auch ich nicht auf dem Tisch.

Vielleicht sollte ich das Ganze einfach chinesischer sehen. Ich mache mal versuchsweise eine Bar auf, in der kein Getränk unter 20 000 Yuan kostet und Gäste, die bei sinnvoller Unterhaltung oder in Miniröcken über zwanzig Zentimetern erwischt werden, zu jeder vollen Stunde vom Dach geschubst werden. Damit werde ich reich.

China, der Job, mein Blutdruck und ich

Ich komme derzeit zu gar nichts mehr. Der Grund ist, abgesehen von recht viel Arbeit, die chinesische Arbeitsweise. Noch vor Bankbesuchen hat das allgemeine Miteinander am Arbeitsplatz das größte Potenzial, Grund für eine Headline in der Zeitung zu werden. In ihr werden vermutlich Worte wie »Amoklauf«, »Gemetzel« oder »Blutrausch« Verwendung finden.

Wenn China in irgendeiner Form komplett anders ist, dann im Job. Mit am interessantesten ist eigentlich die Tatsache, dass es lange dauert, bis einem die Andersartigkeit auffällt. Dann kann man sie jedoch nie wieder übersehen. Ein wenig wie ein Mückenstich an unangenehmer Stelle, der nie verschwindet.

Ich habe die volle Ladung bekommen: zwei Wochen kulturelles Training, einen Coach, der mich einmal die Woche besucht (vermutlich, um Affekthandlungen besser voraussehen zu können), Interviews, Literatur. Im Ergebnis kann ich zwar das meiste Verhalten deuten und nachvollziehen – es macht einen trotzdem rasend. Vielleicht wird man hier aber auch einfach zu deutsch.

Die Sache mit dem Gesicht

»Face« begegnet einem jeden Tag. Das ist schon mal kein Witz. Gesicht ist weit mehr als bei uns »Gesicht wahren«, man kann hier noch vieles mehr mit seinem Gesicht: es bekommen, bewahren, verlieren, riskieren oder verbessern.

Dabei sind die Regeln im Grunde simpel, aber trickreich in der Anwendung. Offenes Kritisieren geht schon mal gar nicht. Nicht schwierig sollte man denken, einfach immer schön freundlich bleiben.

Wie man das macht, wenn acht Erwachsene eine Woche lang an einem Konzept gearbeitet haben und als Ergebnis zwei Servietten mit Stichworten präsentieren, ist mir schleierhaft. Bisher habe ich es noch meist geschafft, freundlich und höflich zu bleiben – noch ein paar Monate jedoch, und es wird schwer. Mein Auge zuckt schon verdächtig oft.

Gesicht geben ist einfach: loben, bewundern, jubeln. Dabei ist es mehr oder weniger egal, was man lobt oder bewundert – die Geste zählt.

Als Gewinner haben sich folgende Aussagen erwiesen:

»Toll, wie gut du das gemacht hast« (wenn es nicht ganz schlimm war).

»Toll, dass du die Zeit gefunden hast, irgendwas zu machen« (wenn angefangen wurde).

»Klasse, ich glaube, genau so sollten wir das auch ausführen« (wenn angefangen wurde, darüber nachzudenken).

Gut sind auch Bewunderungsrufe über alles, was einem so auffällt, man kann den Teil, den man sich dabei eigentlich denkt, ja weglassen:

»Tolle Schuhe hast du an!« (… wenn du in einem Zirkus beschäftigt wärest);

»Dein Hut ist schick!« (… würdest du im neunzehnten Jahrhundert leben);

»Deine Musik hört sich toll an!« (… sie verjagt die Kakerlaken zumindest).

Schwieriger und für Fortgeschrittene ist: Nie jemanden in die Lage versetzen, theoretisch das Gesicht verlieren zu können. Dazu reichen im Grunde simple Fragen wie: »Gefällt dir das?« Eigentlich alles, was bei uns unter »Position beziehen« fällt.

Für Profis gibt es noch eine Ebene: Nie jemanden in die Lage versetzen, möglicherweise einen Dritten theoretisch das Gesicht verlieren zu lassen. Wie dieses Land erfolgreich werden konnte, ist mir manchmal ein Rätsel.

Die Königsdisziplin ist dann Schadensbegrenzung und Wiedergutmachung, wenn das Gesicht verloren wurde. Mittlerweile das, in dem ich mich am häufigsten üben muss. Es funktioniert übrigens immer über Mittelsmänner, nie direkt. Konflikte werden nie offen ausgetragen. Offen ausflippen bedeutet, massiv das Gesicht zu verlieren. Einer meiner Kollegen und ich sind uns in aufrichtiger Abneigung einander zugetan. In Europa hätten wir uns schon mehrmals zerfleischt und angebrüllt. Hier nicht. Was übrigens deutlich schlechter für den Blutdruck zu sein scheint.

Habe kürzlich begonnen, alles Gelernte zu ignorieren, und festgestellt: geht auch. Man sagte mir, man habe im Office den Ausdruck »he went German on me« für mich etabliert. Ich interpretiere das einfach mal als Gesichtsgewinn.

Die Theorie des Nervens

Fragt man mal unverbindlich unter Expats nach, wie sie China denn finden, hört man erstaunlich häufig Aussagen wie: »Super Land, tolle Menschen, einfach spannend … wenn wir nur nicht mit Chinesen arbeiten müssten.«

Kulturelle Unterschiede sind hier manchmal gar nicht so gravierend und oft sogar drollig. Geschäftliches Miteinander hier ist aus westlicher Sicht sehr deutlich anders und kein bisschen drollig. Im ersten Jahr fühlt man sich ein bisschen wie Bambi im Vietnamkrieg.

Man kann es in der Theorie lernen, Einführungskurse bekommen und darüber lesen, was man möchte, aber in China zu arbeiten, ist wie ein Auffahrunfall mit einem Wasserbüffel – schwer zu beschreiben, man muss es selbst erlebt haben. Neben der Sache mit dem Gesicht ist noch etwas schwer für Nichtchinesen: chinesische Denk- und Handelskonzepte:

Guanxi

Guanxi ist das Netzwerk persönlicher Verbindungen. Nepotismus. Klüngel. Viel stärker als unser »eine Hand wäscht die andere« – hier geht nichts ohne den richtigen Kontakt. Gar nichts.

Geschäfte machen, Geschäfte behalten, Geschäfte zerstören, Kinder auf die richtige Schule schicken, für

Falschparken nicht im Arbeitslager enden, am Obststand nicht vergiftet werden, Gesetze galant ignorieren – Guanxi ist allgegenwärtig. Was daran nervt, ist, dass Guanxi *immer* Entscheidungen beeinflusst. Und wenn es nur darum geht, die Kaffeemaschine im Büro zu reparieren – irgendjemand verdient immer daran, der wiederum jemanden kennt, der auch noch verdienen könnte. Dauert dann eben eine Weile länger, bis das ausgewürfelt ist. Guanxi hat hier noch viel mehr Bedeutung als unser »Vitamin B«.

Situational Ethics

Verhalten – und damit auch Geschäftsgebaren – ist in China immer situativ. Ein Vertrag ist erst mal nur ein Stück Papier, das Vereinbarungen aufführt, die irgendwann mal so gestimmt haben. Das kann nächste Woche schon ganz anders aussehen. Oder fünf Minuten später.

Auch vertraglich festgelegte Großdeals sind hier manchmal so verbindlich wie ein in Europa mit 2,5 Promille beschlossenes »Lass uns eine Bar aufmachen«.

In Deutschland gilt ja oft noch »ein Mann, ein Wort« oder so etwas wie »Kaufmannsehre« – vielleicht nicht gerade beim Gebrauchtwagenbasar im Autokino, aber man kann sich zumindest meistens darauf verlassen, dass das, was unterschrieben wurde, auch eingehalten wird. Hier nicht. In China ist man sogar immens stolz darauf, die eigenen ethischen Maßstäbe immer wieder neu zu justieren und der Situation anzupassen.

Dass »situational ethics« so etwas wie »flexible Gesetze« sind und damit einfach nur paradox, empfindet hier niemand so. Man erntet hier sogar Komplimente dafür, wenn man richtig klug jemanden beschissen hat. Viele meiner Kunden sind urdeutsche, grundsolide, konzerngewohnte und konservative Manager. Angesichts derer Aufrichtigkeit ist es eigentlich erstaunlich, wie wenig Schlaganfälle und/oder Amokläufe ich bisher beobachtet habe. Irgendwann erlebe ich mal eine menschliche Life-Explosion.

Lächeln und zermürben

Chinesisches Verhandeln und der Starrsinn sind bewundernswert. Man lässt sich gerade zu Beginn von der freundlichen und immer höflichen Fassade täuschen – ein chinesischer Geschäftspartner wird immer das Letzte für sich rausholen, und wenn es um einen verdammten Hello-Kitty-Aufkleber geht, den er zusätzlich zu dem 100-Millionen-Euro-Deal noch bekommen könnte. Wichtig für den Erfolg aus chinesischer Sicht ist zum einen immer, das Gesicht zu wahren und bloß keine Regung zu zeigen, und zweitens niemals das Risiko zu meiden, sollte ein Deal denn platzen. Chinesische Geschäftsverhandlungen sind wie ein ständiges Chicken-Race. Zwei Autos, zwei Fahrer, ein Abgrund. Chinesen bremsen nicht. In China geht man lieber das Risiko ein, alles zu verlieren und noch mal von vorne zu beginnen, als wirkliche Zugeständnisse machen zu müssen. Hätten Chinesen auf deutsch-französischer Seite Verhandlungen mit Griechenland geführt, würde Athen jetzt zum Großraum München gehören, und man würde zu jedem Souflaki noch ein Cabrio bekommen.

Meine Lernkurve ist flach, aber stetig. Ich ziehe hier zwar noch immer meistens den Kürzeren, weiß nun aber wenigstens oft, warum. Werde trotzdem noch mal externe Quellen bemühen, ob mein chinesischer Name hier wirklich so positiv ist oder übersetzt »naive, lang-nasige Flachbirne« heißt.

Einreiseknacki

Ich mag Geschäftsreisen. Zumindest wenn sie wenig Aufwand erfordern und in nette Städte wie Hongkong führen, nicht in die trostlose Provinz. Wuxi ist eben nur sehr begrenzt spaßig. Ist in Deutschland ja aber auch keinen Deut anders – Hamburg ist schließlich auch lustiger als Bielefeld. So brach ich frohen Mutes auf. Hongkong ist bekanntermaßen Sonderzone und wird in Sachen Reiseformalitäten wie Ausland behandelt, das bedeutet für mich also Aus- und Einreise.

Chinesische Behörden sind im Vergleich zu Deutschland erstaunlich effizient, modern, freundlich (im Rahmen ihrer Möglichkeiten) und gut organisiert. Flexibel sind sie nicht (im Vergleich zu Spanien übrigens, wo man mich durchaus schon mal mit dem Mitgliedsausweis meines Fitnessstudios hat fliegen lassen). Ich gebe zu, Chaos beim Reisen ist mir nicht fremd.

Ich hatte jedenfalls Gelegenheit, noch etwas mehr über Chinas Einreiseformalitäten zu erfahren. Lehrreich, wenn auch nicht freiwillig. So viel vorweg, China ist effizient, freundlich, schnell. Selbst wenn sie einen verhaften.

Ich kehrte just aus Hongkong zurück. Nach zwei relativ anstrengenden Tagen und einem Flug mit der ganz entzückenden Schanghai Airlines – der ich wie keiner anderen Fluglinie das sofortige Flugverbot wünsche – kam ich spätabends am Flughafen Hongqiao an. Letzter Flug des Tages, 23.00 Uhr, kleinstes Lokalterminal – man will das wirklich nur schnell hinter sich bringen.

Das erste Mal nervös wurde ich, als das Kontrollieren meines Passes deutlich länger als sonst dauerte. Beunruhigend lang.

Im Grunde gilt wohl für jeden Flughafen das gleiche Prinzip: Wenn sich mehr als sieben Beamte den Pass ansehen, sie lautstarke Dialoge darüber führen und mehrere Vorgesetzte hinzuziehen, ist das weltweit kein besonders gutes Zeichen.

Man eröffnete mir, dass ich zwar ein gültiges Visum hätte, darin aber leider »Anzahl der Einreisen = Null« eingetragen sei, und ich deshalb nicht einreisen dürfe. Ich darf also im Land sein, aber nicht ankommen. Man würde das auch nicht so ganz verstehen, aber nach China lassen könnten sie mich so leider nicht, und der Flughafen würde auch gleich für diesen Tag dichtgemacht. Also aufs Flughafenrevier.

Ich kann jetzt aus Erfahrung sprechen, wenn ich sage, dass man sich selten mehr wünscht, die Landessprache zu beherrschen, wie unter Polizeiaufsicht und unklarem Legalitätsstatus in China. Aber: Freundlich sind sie.

Nach zwei Stunden ist man sich dann einig, was man mit mir machen wird: Mein Pass wird konfisziert, zwei Beamte begleiten mich in ein Hotel nahe dem Flughafen, dort würden sie die Nacht über auf mich aufpassen und mich am nächsten Morgen in die erste Maschine nach Hongkong setzen. Eigentlich war ich erleichtert – kurzzeitig hatte ich vor meinem inneren Auge schon die Schlagzeile in deutschen Zeitungen gesehen: »Depp des Jahres – Deutsches Behördenopfer verbringt drei Jahre in mongolischem

Arbeitslager.« Eine Nacht im Hotel ist dagegen auch unter Polizeiarrest durchaus erträglich. Dachte ich.

Zum Hotel begleiten mich zwei junge Beamte, die wahrscheinlich entweder die geringste Dienstzeit oder Pech beim Streichholzziehen hatten. Sie sprechen kein Englisch, damit scheidet Konversation als Abendbeschäftigung aus. Das Hotel ist schwer zu beschreiben, ich verstehe jetzt aber das chinesische Klassifizierungssystem besser: Zwei Sterne in China entsprechen in etwa einer deutschen Betriebsschließung durch das Gesundheits- und Bauamt. Ich stelle mich wirklich nicht an und bestehe auf den Luxus meiner Lieblingshotels, aber zuvor habe ich mich noch immer zum Schlafen ausgezogen. Dort nicht.

Wie ich zudem feststellte, meinten sie das mit dem Aufpassen durchaus wörtlich. Zwar buchte und bezahlte ich zwei Zimmer, die beiden Polizisten schliefen jedoch in meinem Zimmer im Bett neben mir. Alkohol erlaubten sie mir auch nicht, also fiel schön- und müdetrinken auch weg. Den beiden Beamten schien es nichts auszumachen, ich glaube sogar, sie hatten ihren Spaß. Warum auch nicht: unerwarteter Zusatzverdienst durch das zweite Hotelzimmer, dessen Bezahlung sie sich natürlich mit dem Empfangschef geteilt haben, und die Möglichkeit, mal ausgiebig mit Kollegen klönen zu können – in einem gemütlich beheizten Zimmer. Der Laowai im Bett neben ihnen störte sie offenbar nicht – als ich gegen zwei Uhr einschlief, unterhielten sie sich noch angeregt.

Selten zuvor habe ich mich mehr darauf gefreut, früh aufstehen zu dürfen. Ab 7.30 Uhr ging es dann recht fix: unter Aufsicht Ticket kaufen, unter Aufsicht ins Flugzeug gesetzt werden, um 11.00 Uhr war ich schon wieder in Hongkong. Dort bekam ich übrigens binnen vier Stunden ein neues Visum.

Auf die Frage »Who on earth gave you a visa with zero entries?« habe ich trotzdem nicht geantwortet. Das krampfige Zucken in meinem Augenlid war aber wohl aussagekräftig genug.

Gesund? Check

Wer als Ausländer legal in China arbeiten möchte, sollte auf ein paar Formalitäten vorbereitet sein. Als Deutscher hat man in der Hinsicht vielleicht einen kleinen Erfahrungsvorteil. Wer in Deutschland eine Steuererklärung ausfüllen kann, könnte theoretisch auch jederzeit ein kleineres südamerikanisches Land regieren.

In China ist der Weg zur Arbeitserlaubnis eigentlich recht kurz und sehr leicht. Wenn man Chinesisch lesen kann zumindest. Für De-facto-Analphabeten wie mich, bleibt nur das Vertrauen auf erfahrene Mitarbeiter der eigenen Firma vor Ort. Wie mich meine Nacht in Polizeigewahrsam und diverse andere Erfahrungen im Büro gelehrt haben, bin ich also weitestgehend auf mich allein gestellt. Jedes Kapuzineräffchen würde Mitarbeiter unserer Personalabteilung locker ausstechen. Freundlicher wären sie wahrscheinlich auch. Nachdem wir also drei Wochen lang E-Mails unterschiedlichen Gehässigkeitsgrads ausgetauscht haben, steht eines zumindest fest: Ich muss zum Medical Check.

Über diesen kursieren in Schanghai reinste Horrorgeschichten, wobei die meisten noch aus den Neunzigerjahren stammen, als man zum Beispiel zum Blutabnehmen noch seinen Arm durch ein Loch steckte und ein anonymer Helfer einem eine Nadel in den Arm jagte, die schon in diversen andern Adern steckte.

Jedenfalls haben die Geschichten gereicht, um mich mit nicht allzu viel Vorfreude im Health Administration Service for Foreigners and Overseas Chinese Center einzufinden.

Angesichts der Massen von Expats, die hier täglich durchgeschleust werden, fällt einem als Erstes auf, wie klein das Center ist. Ich habe schon größere Kleintierpraxen gesehen. Jetzt verstehe ich auch, warum hier nichts ohne vorherige Anmeldung geht – hier wird Gesundheit am Fließband geprüft.

Im ersten Schritt drückt man mir an der Rezeption ein Formular zum Ausfüllen in die Hand. Neben zu erwartenden Informationen wie Name, Alter, Herkunft wird auch die Krankheitsgeschichte abgefragt. Nachdem ich wahrheitsgemäß angegeben habe, zwar unter Bluthochdruck, jedoch weder drogenabhängig zu sein und nicht unter Demenz oder Wahnvorstellungen zu leiden (wobei ich mir bei letzterem mit jedem Tag Schanghai immer unsicherer werde), soll ich im Wartezimmer Platz nehmen.

Um einen Tisch, auf dem ein wahnsinnig deprimierendes, grün verbracktes Aquarium steht, sitzen etwa vierzig Ausländer in unterschiedlichen Stadien der Vorfreude herum. Ihr Anblick ist wahrscheinlich der einzige Lichtblick für die Goldfische, die sich ans Glas drängen.

Der Gesundheitscheck an sich ist bis ins Kleinste durchorganisiert, Auftakt zum Prozess ist das Verkünden der eigenen Nummer. Jetzt weiß ich, wie sich Autos beim TÜV fühlen müssen.

Als Erstes werden Größe und Gewicht notiert. Gleich mal für richtig schlechte Laune sorgen – das muss Methode haben. Im Anschluss heißt es Oberkörper frei machen und eine Art Morgenmantel anziehen. Im Gang vor mir stehen jetzt etwa fünfzehn Ausländer mit Plastikfolie an den Schuhen, unterschiedlicher Beinkleidung und verschiedenen Strategien, ihr dreckiges Mäntelchen so festzuhalten, dass sie nicht nackt im Flur stehen. Wenn ich das mal überschlage, trage ich einen Morgenmantel, in dem seit der letzten Wäsche um die dreihundert Personen geschwitzt haben. Und das ist wohlwollend kalkuliert. Während ich mich im Geiste schon auf eine ausgiebige Dusche samt Ganzkörperdesinfektion freue, winkt man mich ins erste Zimmer: Blutdruck messen. Seit meiner Musterung habe ich, glaube ich, keinen Arzt mehr gesehen, der sich weniger für mich interessiert. In diesem Fall eine Ärztin. Ich bin mir sicher, sie würde auch unbeeindruckt die Vitalwerte eines Mett-Igels aufzeichnen, ohne sich weiter darüber zu wundern. Nachdem sie unterzeichnet hat, nuschelt sie eine Nummer. Erst denke ich an eine Art Code, dann fällt mir auf, dass sie wohl die Nummer des Raumes meint, in den ich mich als Nächstes begeben soll.

In 109 erwartet mich ein Sehtest. Ich will ja nicht unken, wahrscheinlich wird man ja tatsächlich etwas desinteressiert, wenn man jeden Tag Hunderten Laowais eine Klappe auf die Augen drückt und sie von der immer gleichen Sehtafel vorlesen lässt – aber die mich untersuchende Ärztin stellt ihre Kollegin in Sachen Desinteresse noch in den Schatten. Da ich nur die Hälfte wirklich lesen kann, bin ich überrascht, wie schlecht meine Sehkraft wohl geworden zu sein scheint – sie nicht und testiert mir 1.0/0.8 Dioptrien. Ein Wert, den ich beim Spicken auf jedem anderen Laufzettel auch entdecke. Zehntausende Expats in Schanghai und alle exakt gleich kurzsichtig. Individualismus kam hier noch nie so gut an.

Die Schlange zum Blutnehmen hat ein wenig Rückstau verursacht. Dauert eben ein paar Minuten länger. Die Stimmung unter den mittlerweile etwa dreißig Halbnackten mit ihren Laufzettelchen ist erstaunlich gut. Meine Prozessnachbarn sind zwei sehr nette Franzosen in meinem Alter und meiner Blutdruckklasse. Was die Blutprobe anbelangt, war ich ja ein wenig skeptisch. Völlig zu Unrecht, wie sich herausstellt, jeder kriegt seine eigene Nadel und die Schwester versteht ihr Handwerk wirklich. Injektionen stören mich nicht weiter, hier habe ich sie zum ersten Mal jedoch wirklich nicht gespürt. Chapeau.

Nächster Halt Röntgen. Es ist etwas Unordnung in die Warteschlange gekommen, es gibt zu wenig Platz im Gang für die vielen Wartenden. Eine kleine, energische Krankenschwester verteilt Patienten und Raumnummern wie ein sehr entschlossener rosa bekittelter Fluglotse. Wahrscheinlich gehört sie einer Elitetruppe der Ordnungskräfte an und wurde an Touristengruppen rund um die Chinesische Mauer ausgebildet.

Das Röntgengerät an sich macht einen modernen Eindruck, genau wie das bedienende Personal. Damit wären die Gedanken an Monstergeschwüre und Unfruchtbarkeit auch schon mal gebannt.

Krönender Abschluss ist der Ultraschall. Ein älterer Arzt in einem schummrigen Raum gibt sich augenscheinlich Mühe. Fast fünf Minuten lang drückt er mir konzentriert in die Eingeweide und murmelt dabei seiner Assistentin Dinge zu. Entweder steht es sehr schlecht um meine Organe, oder er diktiert ihr sein Lieblingsrezept für Borschtsch.

Nachdem ich meinen Ekelkittel dem nächsten Wartenden in die Hand gedrückt habe, darf ich noch wählen, ob ich das Ergebnis selbst abholen oder es liefern lassen möchte. Keine sonderlich schwere Entscheidung, ich will hier nie wieder hin.

Verkehrsoptimismus

Chinesen sind optimistisch. Warum auch nicht, es läuft ja schließlich auch gerade ganz gut für sie. Das Land boomt, Jobs gibt es genug, die Nettolöhne steigen, an jeder Ecke ein Louis-Vuitton-Laden, und die ganze Welt ist neidisch. Zudem sind Chinesen generell nicht ganz so angst- und sorgenvoll wie wir Deutschen.

Trotzdem übertreiben sie manchmal. Gestern wurde ich mal wieder um ein Haar überfahren (was in Schanghai erst mal nichts Berichtenswertes ist). Eigentlich habe ich mich auch schon wirklich daran gewöhnt, eher Jagdwild als Verkehrsteilnehmer zu sein – wer mich da jedoch fast erwischt hat, war einfach unfassbar: ein Elektroroller auf der falschen Seite. Auf dem Bürgersteig nachts ohne Licht. Mit einem Kleinkind zwischen den Beinen. Telefonierend. Und rauchend.

Leider war er zu schnell und ich zu sehr mit Ausweichmanövern und Fluchen beschäftigt, um ein Foto zu machen. Daher an dieser Stelle stellvertretend: lieber rollerfahrende Irre – Respekt!

Und jetzt gehe ich mir einen Baseballschläger kaufen.

Post mortem

Auch wenn man in Schanghai besser nicht krank wird, rein statistisch ist man hier noch am besten dran. Die durchschnittliche Lebenserwartung liegt hier derzeit bei 82 Jahren, das ist in etwas das Niveau Europas. 1951 wurde man in Schanghai im Durchschnitt nur 44 Jahre alt, die Stadt macht wirklich in jeder Hinsicht Riesenschritte nach vorn. Obwohl sie es sich ungern eingestehen, sind Chinesen natürlich von den gleichen schweren Krankheiten bedroht wie Europäer. Krebs ist leider global.

Der Vater einer unserer Bekannten wurde kürzlich mit dieser erschütternden Diagnose ins Krankenhaus eingeliefert. Erst sprach man von einer Lungenentzündung, dann stellte sich heraus, dass es doch Krebs im weit fortgeschrittenen Stadium ist, Heilung ausgeschlossen. Natürlich ein entsetzlicher Schicksalsschlag, der unendlich tragisch ist. Unsere Anteilnahme wurde jedoch durch zwei Erkenntnisse ein wenig kompliziert: Erst einmal habe ich noch nie von jemandem gehört, der so viel geraucht hat. Drei Packungen starke Zigaretten am Tag. Chinesische Stärke. Ich rauche selbst, aber mehr als zwei von diesen Zigaretten kann man eigentlich nicht verkraften. Er ließ es sich auch im Krankenhaus nicht nehmen, die Pausen von der Sauerstoffmaschine zum Rauchen zu nutzen.

Viel verwirrender war jedoch die Nachricht, dass der gute Mann bereits eine Lungentransplantation hatte.

Er hatte sich also gerade die zweite Lunge zerqualmt. Angeblich werden chinesische Todeskandidaten übrigens aus Gründen der einfacheren Organlogistik meist im Krankenhaus hingerichtet. Wurde uns erzählt, ich kann es nicht belegen.

Natürlich die Diagnose Krebs immer entsetzlich, und wir haben alle gehofft, es möge noch ein Wunder geschehen – dem war jedoch leider nicht so.

Was diesem Schicksalsschlag folgte, sollte ich gar nicht wiedergeben, da ich nicht selbst dabei war. Alles Folgende gebe ich also weiter, ohne Augenzeuge gewesen zu sein. Dem Entsetzen im Gesicht meiner Frau und der Freunde, die der Beerdigung beiwohnten, nach zu urteilen, habe ich damit wohl aber eher Glück gehabt.

Man will eigentlich nicht wirklich krank werden hier. Hier zu sterben, sollte man sich noch wohlweislich überlegen. Das Protokoll nach dem Ableben ist wohl regional stark unterschiedlich in China, in Schanghai läuft eine Beerdigung wie folgt:

1. *Der Leichnam muss raus*

Ich bin mir sicher, es gibt auch den vollen Bestattungsservice, unsere Bekannte hatte wohl aber die kostengünstigste Option gewählt, eine mit hohem Eigenanteil. Das hieß in diesem Fall, dass ihr Lebenspartner, einer unserer besten Freunde hier in Schanghai, mit anfassen musste, um den Körper aus dem Haus zu schaffen. Ich beschwere mich nie wieder, wenn mich jemand bittet, ihm bei einem Umzug zu helfen.

2. *Anteilnahme vor Ort*

Die Wohnung wird bevölkert von Freunden, Nachbarn, Bekannten. Des Verstorbenen wird gedacht mit einem kleinen Altar samt Foto, vor dem man sich verbeugt und Räucherstäbchen verbrennt. Ganz wichtig: Yuanbaos, kleine aus Gold- oder Silberpapier gefalteten Schiffchen, eine Art Währung der Toten. Yuanbaos und Ersatzgeld werden dann vor der Tür des Verstorbenen verbrannt, um dem Toten das zukünftige Dasein zu verschönern. Scheinbar sind Chinesen auch im Jenseits noch außerordentlich geschäftstüchtig.

3. *Die eigentliche Beerdigung*

Diese ist aus zwei Gründen deutlich anders als in Europa. Erstens findet sie nicht in Europa statt. Erwartungsgemäß läuft eine Bestattung hier anders ab als in Maintal-Dörnigheim.

Zweitens leben in Schanghai mehr als 25 Millionen Menschen, da bekommt Pietät Konkurrenz von der Logistik. Die Trauergemeinde wird mit dem Bus zum Krematorium gefahren, das treffenderweise auch wie ein Busterminal aussieht. Jeder Verstorbene erhält eine abgetrennte Sektion, in der die Zeremonie abgehalten wird. Zelebrieren kann man es nicht nennen. Ein bisschen wie eine Feuerwehrstation, nur größer und mit mehr Verkehr. Und Neonschriftzügen. Wenn alle in ihrer Halle sitzen, hält ein Mitarbeiter des Krematoriums eine kurze Trauerrede. Er sagt ein paar nette Worte ... und raucht dabei Kette. Ob das nun unglaublich pietätlos oder Schanghais ganz eigener Sinn für Ironie ist, vermag ich nicht zu sagen. Aufgefallen ist es ohnehin nur den Westlern, der Rest der Trauergemeinde war ebenfalls damit beschäftigt, sich Zigaretten anzuzünden.

Nachdem alle noch mal am offenen Sarg vorbeidefiliert sind, um dem Verstorbenen die letzte Ehre zu erweisen, wird der Sarg verschlossen. In diesem Fall fiel diese Aufgabe unserer Bekannten zu – man drückt ihr Hammer und Nägel in die Hand und drängt sie, den Sarg ihres Vaters zuzunageln. Natürlich gibt das einer ohnehin schon traumatisierten Trauernden den Rest. Ich habe selten von etwas so Verstörendem gehört.

Nachdem der Sarg weggefahren wurde, wartet die Trauergruppe, bis sie die Asche des Verstorbenen erhält. Dreißig Minuten später können sie los. Nun bin ich zwar kein Experte in Sachen Feuerbestattungen, aber eine halbe Stunde erscheint mir doch knapp bemessen. *Sehr* knapp. Ich habe mal nachgelesen, in anderen Ländern dauert eine Einäscherung neunzig Minuten. Ich will ja nicht unken, aber es würde mich nicht überraschen, wenn die meisten Hinterbliebenen Schanghais die Asche von ein paar Wildfremden zu Grabe tragen. Oder die Reste der letzten Grillfete.

Interessanterweise macht sich auch die Regierung Gedanken über Bestattungen, wenn auch eher aus platztechnischen Gründen. Weil Platz knapp zu werden droht, gibt es in Schanghai seit zwei Jahren das Angebot der partiellen Seebestattung. Wobei »partiell« ein wenig beschönigt ist: Der Großteil der Asche wird im Meer verteilt, der Rest kommt in eine schickere Streichholzschachtel und wird an einem Sammelgrabstein beigesetzt. Manchmal ist der Pragmatismus hier gruselig.

4. Leichenschmaus

Zu sagen, dass für Chinesen das Essen wichtig ist, ist wie zu sagen, dass in der Formel 1 Autos bewegt werden. Das gilt verschärft für den Leichenschmaus. In einem der benachbarten, auf Trauergemeinden spezialisierten Restaurants gibt es das Gelage zur letzten Ehre. Es werden Unmengen gereicht, als ob der nächste Tod unmittelbar bevorstünde, und natürlich wird viel getrunken. Sehr viel. Nach etwa drei Stunden gehen alle nach Hause. Obwohl man es nicht als Gehen bezeichnen kann. Dabei scheint Trauer nicht das Leitthema des Banketts zu sein, es wird sehr viel gelacht und gescherzt – wobei das natürlich auch am Alkohol liegen mag.

Ich würde es doch sehr zu schätzen wissen, wenn ich meine letzte Ruhe nicht in Schanghai fände.

Valium bitte, ich muss zur Bank

China ist toll. Wirklich. Vieles ist um Längen einfacher als in Deutschland: Der Zugang zum Internet kostet einen Anruf – am nächsten Tag ist alles installiert und fertig. In Deutschland wirbt die Telekom mit »Erleben, was verbindet«, sollte sich aber eigentlich »Zermürben und Zerstören« auf die Fahnen schreiben.

Ich kann hier nachts um drei noch fantastisch essen gehen oder Gurkenmarmelade einkaufen. In Deutschland kann ich nachts um drei nur noch tanken.

Für 100 Euro im Monat schmeisst eine Ayi drei Tage die Woche den kompletten Haushalt und sorgt für permanente Ordnung. In Deutschland lachen auch ukrainische Putzfrauen lange über 100 Euro.

Ich könnte hier nachts in einer dunklen Gasse mit Geldscheinbündeln jonglieren, ohne dass mich jemand auch nur scheel ansehen würde. In Deutschland reicht es, zur falschen Zeit in der falschen S-Bahn zu sitzen.

Behördengänge sind schnell, einfach und effizient. In Deutschland denkt man beim Amt gerne mal an Axtmord.

Kurzum: Hier ist vieles wirklich wesentlich einfacher, besser und schneller. Eines jedoch nicht: Banken.

Wer als Ausländer hier zur Bank geht, braucht Gandhis Nachsichtigkeit und den Blutdruck einer Nacktschnecke. Habe ich leider beides nicht. Der massive Angriff auf Nerven und Gesundheit erfolgt in drei Stufen:

1. *Lass ihn Formulare ausfüllen, bis die Finger bluten*

Allein die Menge an Formularen, die man hier ausfüllen muss, ist schier unglaublich. Schon um Geld umzutauschen, sind vier Formulare, sechs Unterschriften und eine Stunde Zeit vonnöten. Wer Geld in Fremdwährung über die Landesgrenzen Chinas bewegen will, hat mehr Papierkram an der Backe als ein Palästinenser, der in Jerusalem ein Waffengeschäft aufmachen möchte.

2. *Was muss, das muss*

Ich habe einen deutschen Namen samt deutschem Pass. Leider habe ich auch vier Vornamen plus Familiennamen. Das nimmt auf einem chinesischen Formular ungewöhnlich viel Platz weg, meist reichen zwei Schriftzeichen. Wenn aber auf dem Formular steht, »alle Namen angeben«, muss man eben alle Namen eintragen. Der Name auf meiner Kontokarte besteht aus einer wirren Kombination von dreizehn Buchstaben. Ein Kompromiss, der uns zwei Stunden beschäftigt hat.

Zudem scheinen Handlungsanweisungen von Kafka verfasst worden zu sein.

Kürzlich habe ich meine Kontokarte verloren. Mein Fehler, keine Frage – passiert mir aber *nie* wieder. Der Dialog in Kurzform (nachdem ich die Karte schon telefonisch habe sperren lassen):

»I have lost my card and would like to order a new one.«

»No problem, fill out these forms please.« (Ausfüllen von vier Formularen, 45 Minuten Tipperei in das System.)

»When do I get my new card?«

»In seven days.«

»Excellent, I would like to withdraw some cash please.«

»Sorry, we cannot give you cash.«

»Why?«

»We need your card for that.«

»You know that I do not have a card now.«

»I know.«

»Okay, no problem. I have another account here with another card. Just transfer money from one account to another.«

»Sorry, we cannot do that.«

»Why?«

»We need your card for that.«

»I. Do. Not. Have. A. Card.«

»I know.«

»But I am here, this is my passport and I had to confirm with my password five times.«

»We need your card.«

So ging das noch eine Weile. Geld habe ich natürlich keines bekommen.

3. *Immer auf Nummer sicher gehen*

Bankangestellte müssen jede Transaktion mit ihrem persönlichen Stempel versehen und immer von einem Vorgesetzten absegnen lassen. Oder auch von mehreren. Das letzte Mal, als ich Geld nach Deutschland geschickt habe, haben sie siebzehnmal (!) meinen Pass angesehen und viermal kopiert. Für 350 Euro.

Ich habe mich noch selten so aufgeregt wie bei Bankgeschäften in China. Beim letzten Mal bin ich wie ein Rumpelstilzchen schimpfend geflüchtet. Glücklicherweise spricht hier keiner Deutsch.

Was denkt ihr euch eigentlich dabei?

Diese Frage stellt sich hier wohl jeder Westler mehrmals am Tag. Das Rumspucken. Das Überfahren. Das Komatrinken. Die offenen Starkstromleitungen im Garten. Die Mutter mit Kleinkind auf dem Roller, die mit hundert Sachen auf dem Gehweg fährt. Die verdammte Singerei. Die Standardantwort, die sehr oft das Gegenteil bedeutet (»kein Problem«). Die gefälschten Nahrungsmittel. Die Gafferei bei Unfällen, statt zu helfen. Die Ferraris in Pink-metallic. Die Liste ist sehr, sehr lang.

Nun sollte man ja immer erst vor der eigenen Tür kehren. Wie mir viele Chinesen versicherten, halten sie vieles von dem, was wir in Europa tun, auch für ziemlich gaga. Die Kehrwoche. Die GEZ. (Hier sind sich China und ich übrigens ausnahmsweise mal einig.) Schimmelkäse. Altersheime. TÜV. FKK. Speisen individuell bestellen. Die Freiwillige Feuerwehr. Kirchensteuer.

Es gibt eben doch kulturelle Unterschiede. Allein beruflich muss ich dem Denken hinter all den Merkwürdigkeiten auf den Grund gehen. Wir befassen uns viel mit »Consumer Insights«, also Erkenntnissen über das Verhalten von Konsumenten. Dabei habe ich in den letzten achtzehn Monaten gefühlte hundert Bücher zu diesem Thema gelesen, die jedoch oft eher an der Oberfläche kratzen. Oder ich falle einfach zu leicht auf Buchtitel herein. Gerade jetzt jedoch lese ich ein Buch, das wirklich mal heraussticht und bei dem ich mich schon mehr als einmal dabei ertappt habe, zu denken: »Aaaaahh, deshalb. So ergibt es fast sogar Sinn.«

Das Werk trägt den hübschen, wenn auch wenig subtilen Titel *The Geography of Thought: How Asians and Westerners Think Differently ... and Why* und ist von Richard Nisbett geschrieben, einem US-Psychologen, der ohnehin sehr, sehr smart ist.

Ich bin noch nicht ganz durch, aber schon auf den ersten hundert Seiten zieht er ein paar schöne Parallelen, die zumindest erklären, warum uns China manchmal so wirr scheint. Zudem habe ich versucht, mir ein paar eigene Reime darauf zu machen. Das ist aber ein wenig so, als würde ich einem Elektriker erzählen, dass ich auch schon mal einen Lichtschalter bedient habe. Chinas Denken in Kurzform:

Andere Antike, andere Gegenwart

Wenn man sich RTL2 ansieht, fällt es schwer zu glauben, aber vieles von dem, was unser Denken bestimmt, stammt noch immer von den Griechen: Logik. Dingen auf den Grund gehen. Regelmäßigkeiten finden und Ursachen untersuchen. Zu versuchen, die Welt zu erklären. Individualismus. Das alles war China schon in der Antike schnurz. Die Welt verstehen und Gesetzmäßigkeiten waren längst nicht so wichtig wie ganz pragmatische Erfindungen. Auf das Schießpulver kommt man, auch ohne das Sonnensystem in Zahlen ausdrücken zu wollen. Und in China hat man sehr, sehr viel erfunden.

Alles in China hatte immer einen pragmatischen Grund. Interessanterweise war es wohl häufig auch so, dass man in China viele Dinge schon viel früher als in Griechenland erkannt hat, man es aber nicht so wichtig fand. Zum Beispiel hat man auch in China schon festgestellt, dass Kometen etwas Seltsames sind. Antike chinesische Philosophen haben deren Erscheinen meist mit irgendeinem Ereignis kaiserlicher Relevanz verknüpft. Ein Komet kommt und kündigt damit die Geburt eines Nachfolgers an. In dem Moment, in dem sie herausgefunden haben, dass das regelmäßig passiert, haben sie das Interesse daran verloren.

Aus unserer Sicht ein wenig so, als hätte Newton gesagt: »Gravitation? Witzig, aber ein Eierkocher wäre spannender.« Aus chinesischer Sicht wiederum unverständlich, warum man sich über etwas Gedanken macht, das so wenig mit dem täglichen Leben zu tun hat.

Individuum versus Kollektiv

In der westlichen Welt war das Individuum meistens wichtiger als das Kollektiv. Vielleicht mal von den paar Hundert Jahren finsteren Mittelalters abgesehen. Ich bin für mein Handeln verantwortlich und damit auch für die Resultate. Egoismus ist okay, solange er keine ethischen Grenzen überschreitet. Die meisten der Zehn Gebote sind eher Richtlinien gegen Massaker als wirkliche Lebenshilfe (spricht der Atheist, das mögen andere anders sehen).

In China ist das Kollektiv wichtig. Verschiedene Zirkel, die harmonisch im Einklang gehalten werden müssen. Die Familie, die Dorfgemeinschaft, das Volk. Die »harmonische Gesellschaft« ist noch immer das wichtigste Ziel in China. Yin und Yang sind deutlich mehr als ein Logo – es ist die Auffassung, dass alles im Gleichgewicht sein sollte. Alles.

Alles, was man tut, ist im Kontext zu sehen. Irre aufwendig, erklärt aber jedenfalls die tausend verschiedenen Möglichkeiten, das Gesicht zu verlieren. Ausnahmen scheinen zumindest das Schlange stehen in der Metro und der Straßenverkehr zu sein.

Mir san mir

Lucian Pye war Chinaexperte und hat es sehr schön formuliert: »China ist keine Nation, China ist ein Volk.« Genauer: das Volk der Han. Als Volk haben die Han-Chinesen viel mit den Bayern gemein: Wir haben's erfunden, wir sind an der Spitze, und wer nicht schon mindestens dreihundert Jahre hier lebt, gehört nicht dazu.

Dabei hat China schon früher ganz eigene Umgangsformen entwickelt. Imperialismus wie in Europa hat hier nie stattgefunden. Was ja schon mal höflich ist. In über fünftausend Jahren ist hier zumindest bisher niemandem eingefallen, irgendwo einzufallen, um die Flagge in fremden Ländern zu hissen. Wovon sich Deutschland, Frankreich, England, Spanien, Portugal und fast alle anderen westlichen Länder mal was hätten abgucken sollen. Einmal sind die Chinesen auf Tour gegangen (übrigens lange vor Kolumbus mit weitaus moderneren Schiffen), wollten dabei aber eher den Anrainern vom Glanz Chinas berichten, als irgendjemanden auszunehmen oder gar etwas mitgehen zu lassen. Auch war das Interesse an anderen Ländern und deren Flora und Fauna zum Beispiel eher begrenzt:

Der Kommentar chinesischer Gesandter beim Anblick der ersten Giraffe war ein eher lapidares: »Dafür haben wir auch ein Wort, und wir haben das Tier irgendwie kommen sehen.«

China war sich schon immer selbst genug. Im neunzehnten Jahrhundert haben es die Briten dann dennoch probiert und dem chinesischen Kaiser modernste Technik gegen Handelskonzessionen angeboten. Die Antwort Chinas war sinngemäß: »Drollig, aber wir brauchen nichts.« Worauf dann England beschloss, die Argumente mit einer Armada von Kriegsschiffen zu verstärken. Der Beginn des Opiumkrieges.

Zusammengefasst: Nach Chinas Ansicht ist man eh schon die Spitze der Entwicklung und auf Hilfe anderer nicht angewiesen. Was auch erklären würde, warum Expats zwar freundlich, aber nicht gerade überschwänglich erwartet werden.

Ich bin auf weitere Erkenntnisse gespannt. Ganz werde ich das Land sicher nie verstehen, aber ich würde es wirklich gerne probieren.

China-Tage

Immer wenn man ganz China umarmen möchte, weil es gerade so großartig ist, rückt es einem den Kopf wieder zurecht. Muss eine Art nationales Karma nur für Ausländer sein. Die letzten paar Tage war ich mit der Welt im Ganzen und meiner im Besonderen, eigentlich sehr zufrieden.

Das Wetter: ein Traum. Bis letzte Woche noch 24 Grad und auch jetzt, Mitte November, strahlend blauer Himmel und Sonnenschein.

Job: stressig, aber erfüllend. Die hektischste Zeit ist vorbei, es wird ruhiger.

Zuhause: Haus wirkt wohnlich, die Heizung funktioniert, keine großen Ausfälle zu beklagen, sogar Gras im Garten.

Genau in solchen Momenten setzt das Phänomen »China-Days« ein. Es geht nicht nur mir so, es beschreiben fast alle Expats ähnlich. Ein Tag, an dem China einem ins Gesicht schlägt. Mit Anlauf. Und einem Stuhl.

Dabei hinkt der Vergleich ein wenig. Wie alles hier sind auch Attacken auf die Nerven subtil. Nagend. Klein, aber stetig. Als würde einem jemand vier Stunden lang mit dem Finger in die Seite piksen und dabei lächeln.

Fing schon beim Taxi an – es kam keines. Dreißig Minuten warten ist wirklich sehr ungewöhnlich in Schanghai.

Im Taxi dann: Pumakäfig. Ein Taxifahrer, der dem Geruch nach zu urteilen, 1987 beschlossen hat, sein Lebenspensum an Körperpflege erfüllt zu haben.

Auf der Straße fast überfahren worden. An der Ampel bei Grün. Mal wieder. Diesmal war es aber wirklich knapp. Etwa fünfzehn Zentimeter und zwei Sekunden haben mich von einem Bus und dem Dahinscheiden als Straßenbelag getrennt. Und dann noch wild pöbeln und hupen.

Während ich noch durchatmete, ein typisches Schanghai-Geräusch: lautstark auf den Boden rotzen. Man macht das hier mit Inbrunst. Hört sich an, als würden sie den letzten Tropfen Phlegma noch aus den Fußzehen holen wollen. Ein dicker Rotzfleck landet um Haaresbreite an meinem Schuh vorbei. Als ich mich gerade umdrehe, um loszulegen, sehe ich in das Gesicht einer vielleicht 19-jährigen, schwer aufgepeppten, stylischen Jungchinesin, die mich anlächelt, als hätte sie mir gerade eine Rose geschenkt.

Darauf erst mal einen Kaffee. Im Office mache ich mir einen. Beim Griff zum Zucker sehe ich noch etwas huschen, ignoriere es aber. Zucker ist alle, im Schrank ist bestimmt noch welcher. Beim Öffnen fallen mir etwa zehn Kakerlaken entgegen, die sich beeilen, wieder ins Dunkle zu kommen. Im Office!

Als ich mich an meinen Schreibtisch setze, fällt dieser in sich zusammen. Es war abzusehen, er knarzte schon bedenklich, und nur eine bestimmte Stellung im Raum an der Wand hielt ihn überhaupt noch zusammen. Jemand hatte ihn wohl verrückt (aus welchen Gründen auch immer) und dabei das letzte bisschen Stabilität zerstört.

Durch das Malheur mit dem Tisch habe ich mich mit Kaffee eingesaut. Hände waschen. Auf der Toilette begegne ich einem Kollegen, der mir freundlichst einen wundervollen Guten Morgen wünscht und sich dann in eine Kabine begibt. Erst höre ich ihn telefonieren, dann dabei lautstark seinen Darm entleeren. Wunderbar.

Bis Mittag passiert erst mal nichts. Mir reicht es aber eigentlich schon. Ich bin mir sicher, dass das noch nicht das Ende des Wahnsinns war. Es würde mich nicht überraschen, wenn ich auf dem Weg nach Hause einen Stromschlag bekomme und dann im Krankenhaus hilflos widerlichen Geräuschen ausgeliefert bin.

1 : 0 für China heute.

Mittwochs im Supermarkt

Ich mag das Einkaufen. Eigentlich. Zumindest habe ich in Deutschland den Wochenendeinkauf nie als besonders tragisch empfunden – und auch hier gibt es deutlich unangenehmere Dinge zu tun. Zur Bank zu gehen zum Beispiel.

Aber selbst mit dem sonnigsten Gemüt und den besten Vorsätzen, ist einkaufen gehen im Großsupermarkt in unserer unmittelbaren Nachbarschaft mittlerweile oft eher eine Attacke auf den Blutdruck als entspanntes Auffüllen der Vorräte. Dafür dauert es schön lang.

Vielleicht bin ich auch nur ein wenig empfindlich, weil mir der jüngste Shoppingtrip noch so gut im Gedächtnis geblieben ist. Sie haben wirklich alles gegeben.

In der Theorie ist alles super: Carrefour (hier, wie gesagt, »Jia Le Fu« – Haus der glücklichen Familie) liegt ein paar Hundert Meter die Straße runter. Mit dem Taxi fünf Minuten, mit dem Rad auch noch gut zu schaffen, obwohl das eher einer Radtour auf der A 5 entspricht. Manchmal ist Nähe eben doch nur vermeintliche Erleichterung. Dem unbeschwerten Einkaufserlebnis stellen Carrefour, Media Markt und Co. in Qingpu jedoch ein paar Hindernisse entgegen:

Der chinesische Shopping-Parcours

Hürde 1: Die Transportmafia. Aus dem Taxi aussteigen und die Fahrspur der Irren (Elektroroller und ähnlich tödliche Gefahren auf Rädern) überqueren, können wir mittlerweile fast blind. Rettet einen jedoch nicht vor den Dutzenden von Motor-Rikscha-Fahrern, die am Eingang auf Beute warten und geschäftstüchtig ihre Dienste anpreisen. Dass beherzt in den Lauf zu fahren und lautes Hupen ins Gesicht keine wirklichen Verkaufsargumente sind, haben sie noch nicht mitbekommen. Ich selbst hatte aber noch keine Rikscha, vielleicht bekommt man ohne Gewalt gar keine Fahrgäste.

Hürde 2: Die Promotoren der Finsternis. Direkt am Eingang geht es erst mal durch die Elektro- und Haushaltsabteilung. Dort scheint es die größten Neuerungen und Schnäppchen zu geben, es gibt jedenfalls immer mindestens drei bis vier Stände, an denen für Reiskocher/Superwoks/Megamopps geworben wird. In Gruppen zu mindestens fünf Promotoren. Wer die fieseste Stimme hat, bekommt zudem noch ein kleines Megafon, das verblüffend viel Krach macht. Auch hier frage ich mich oft, ob das nur an mir liegt, wenn ich nicht in den Kaufrausch verfalle, nachdem mir jemand ungefragt einen Fliesenreiniger in die Knie gerammt hat.

Bonus-Hindernis: Das versteckte Produkt. Ich habe keinen Schimmer warum, aber jede verdammte Woche verteilen sie die Produkte neu. Feste Einkaufsrouten sind wohl zu langweilig – oder man muss die Heerscharen von Angestellten einfach beschäftigen. Das Hundefutter dorthin, wo sonst die Nüsse standen. Papier zum Öl. Wein zum Fisch. Wasser zu den Hühnerfüßen. Und dann wieder andersrum.

Hürden 3 bis 12: Alle anderen Kunden. Ich lasse mich ja gerne öfter darüber aus, aber im Supermarkt ist es besonders schlimm. Rumschlendern. Im Gang eine Einkaufswagenblockade kreieren. Abrupte Regalsprünge. Amokfahrten am Weinregal.

Es ist wahrscheinlich wirklich eine gute Idee, in China aufs Autofahren zu verzichten – ich stehe jedenfalls schon mit einem kleinen Einkaufswagen häufig nur Sekunden vor dem Ritualmord.

Endgegner: Die Kasse. Wie diese Weltwirtschaft nur derartig brummen kann, ist mir manchmal ein Rätsel. Kassiererinnen – bei Carrefour zumindest – tragen jedenfalls nur wenig zu Chinas Wirtschaftskraft bei. Immer. Schön. Eins. Nach. Dem. Anderen. Wolkenkratzer in zwei Wochen hinzaubern, aber an der Supermarktkasse nur Narkoleptiker einstellen. China.

Gerade wenn man dann denkt: »Jetzt aber. Nur noch einer vor mir«, wird es oft noch mal besonders zeitaufwendig. In Deutschland nerven Rentner oder leere Kassenbonrollen. Hier sind es Hahnenkämpfe zwischen Kassiererin und Kunden mit einzulösenden Bons. Nachgeben gibt es nicht: Ich habe schon mehrfach Fäuste fliegen sehen wegen eines Gemüserabatts.

Der Heimweg ist meistens schon fast entspannend. Obwohl es noch immer verblüffend ist, wie viel wir hier einkaufen. Zudem scheinen wir bei jedem Einkauf zielgerichtet nur Produkte über drei Kilo in die Tüte zu packen. Sollte ich jemals den Job wechseln, kann ich auch jederzeit als Sherpa anfangen. Viel schwerer als unsere Tüten kann Ausrüstung für eine Everest-Besteigung auch nicht sein.

Immer gut verstecken

Kinderspiele sind global. »Versteck spielen« sehe ich hier oft. Es scheint einer der gemeinsamen Nenner der Kinder in unserem Compound zu sein. So ganz legt man in China den Spielgeist nie ganz ab – ich kenne wenige Metropolen, die mehr im Verborgenen blühen als Schanghai. Die Stadt ist sehr gut im Verstecken von Dingen. Manches findet man ums Verrecken nicht, obwohl es ganz sicher an jeder Ecke zu haben sein muss. Grassamen zum Beispiel. Anderes wird absichtlich zur Rätseltour gemacht.

People 7 ist ein Restaurant mit nettem Essen, lauschiger Bar und der Obsession zum Verstecken: Eintritt wird nur dem gewährt, der die Lichter am Eingang in der richtigen Reihenfolge drückt; eine Chance, die Toilette zu betreten, bekommt nur der, der rausbekommt, wie die Tür aufgeht. Eigentlich einfach übrigens, wenn man gewarnt wurde.

Die Monkey Lounge ist eine unserer absoluten Lieblingsbars in Schanghai, versteckt sich aber auch lieber. Schild oder Eingangstür gibt es nicht. Man kommt entweder durch eine dunkle Hintergasse zwischen Müll und Ratten und muss ein Rätsel lösen, oder man benutzt gleich eine unscheinbare Tür gegenüber den Toiletten in einer anderen Bar.

Zudem haben sie Humor – wir nennen zwei wunderbare kleine Aschenbecher unser Eigen, auf denen auf der Rückseite »Impertinently Stolen from The

Monkey Lounge, Donghu Rd. Schanghai« zu lesen ist.

Den Fake-Market zu besuchen, lohnt sich schon wegen des Schauspiels, das die Händler veranstalten, wenn man nach wirklich gut gemachten Replikaten schweizerischen Uhrhandwerks fragt. Natürlich versteckt. Da werden Regale hochgeklappt, eine Klappe in der Wand geöffnet, die wiederum einen Türöffner für die Geheimtür enthält. Wer sich Mittwochmittags in Schanghai ein bisschen wie James Bond fühlen will, sollte das wirklich mal versuchen. Die Uhren selbst lohnen sich wirklich nicht, finde ich.

Die deutlich häufigere Variante des obsessiven Versteckens ist jedoch das zufällige Entdecken von tollen Dingen an Orten, wo man sie wirklich nie vermutet hätte. Wir waren auf der Suche nach etwas ganz anderem, als wir unvermutet mitten in einem der hässlicheren Compounds der Stadt, am Vorarsch der Welt in Gubei, auf ein Reformhaus stießen. Zumindest etwas Ähnliches – ein Laden für Vegetarier, die Wert auf Bioprodukte legen. Zugegeben, das ist eher ein Nischenmarkt, mehr als acht oder neun potenzielle Kunden kann es hier nicht geben. Mitten in einer Betonwüste mit dem treffenden Namen »Paris Garden«, umgeben von erstaunlich vielen Massagesalons, in denen man sicher sehr viele Extras bekommt: Schanghais Alnatura.

Sollte mich irgendwann das Verlangen nach vegetarischem Huhn oder Soja-Lamm packen, weiß ich wenigstens, wo ich suchen müsste. Unwahrscheinlich, aber das habe ich von Quallensalat auch mal gesagt.

Asien um die Ecke

Fragt man Expats aus Europa nach den persönlichen Gründen, warum sie ausgerechnet nach Schanghai gezogen sind, erhält man erstaunlicherweise meist recht ähnliche Antworten. Deutsche, Engländer und Holländer gleichen sich doch mehr, als sie es wahrhaben wollen. Natürlich würde ich trotzdem um keinen Preis zugeben, dass man in diesen Ländern auch Fußball spielen kann. Aber das ist wohl etwas anderes.

Zu den beliebtesten Gründen für den Wohnsitz Schanghai zählen meist folgende Argumente:

»Beruflich eine tolle Chance«: Dass man diese Chance mit grauen Haaren und Bluthochdruck bezahlt, sagt einem natürlich niemand.

»China ist so spannend und aufregend«: Spannend und aufregend ist eine Notlandung auch.

»Ich weiß auch nicht. Eigentlich wollte ich nur ein halbes Jahr bleiben. Und das war 1994.« Passiert hier wohl vielen. Wenn ich in zwölf Jahren noch immer hier lebe, mache ich mich auch nicht mehr lustig.

»Man ist so schnell in ganz Asien und kann ganz viele tolle Länder entdecken.« Letzteres dachte ich auch mal. Man ist in Europa ja auch ein bisschen verwöhnt. Morgens Bielefeld, mittags Barcelona – kein Problem. Wer nicht gerade von Trondheim nach Gran Canaria pendelt, wird bestätigen können, dass man in Europa im Grunde in maximal zwei Stunden überall ist. Zudem kommt man, dank Ryanair und Konsorten, aus Frankfurt manchmal günstiger nach Mallorca als nach Offenbach. Wer Offenbach kennt, weiß, dass das nicht das Schlechteste ist.

Insgesamt sind wir Europäer in Sachen Entfernungen und Reisen einfach ziemliche Weicheier. Das verschiebt die Wahrnehmung von Kontinenten recht schön.

Auf der Landkarte sieht der asiatisch-pazifische Raum natürlich schon recht groß aus. Wie weit die Strecken aber tatsächlich sind, unterschätzt man doch. Ich hatte schon öfter den Gedanken: »Warum eigentlich nicht mal nach Australien? Wir sind ja quasi schon halb da.« Sydney ist auch mit Direktflug zu erreichen, aber immer noch elf Stunden weit weg. Vielleicht ist es gut, dass ich nie eine Karriere als Erdkundelehrer in Erwägung gezogen habe.

Trotzdem ist es hier natürlich einfacher, nach Vietnam in Urlaub zu fahren, als nach Spanien zu fliegen. So haben wir beispielsweise kürzlich beschlossen, eine Woche in Thailand zu verbringen.

Phuket ist für einen Kurztrip wirklich zu empfehlen. Zwar nicht gerade ein landschaftliches Highlight und an manchen Ecken so lauschig wie El Arenal, dafür bekommt man sehr viel Sonne, Meer und vor allem Entschleunigung. Wirklich toll.

Optimisten, Sparfüchse und Menschen mit großzügiger Lebensversicherung können das von Schanghai aus sogar sehr hübsch als Direktflug ab knapp 100 Euro haben. Da ich beruflich schon häufig in den Genuss von Flügen mit Fluggesellschaften wie Schanghai- oder Xiamen-Airlines gekommen bin, war das für uns keine wirkliche Alternative, um in die Sonne zu fliegen.

Auf dem Hinflug kurzer Zwischenstopp in Hongkong. In zwei Stunden da, vierundzwanzig Stunden, um Berufliches zu erledigen, dann noch knappe drei Stunden weiter nach Phuket. Mit Taxi-, Transferfahrten und Wartezeit werden das dann gerne mal schon sechzehn Stunden reine Anreisezeit. Aber es geht ja ans Meer, das macht schon mal entspannt und geduldig. Buddha unterwegs.

Die Woche in Thailand an sich toll, wundervoll, großartig. Abgesehen von Traumwetter, Meer und Kokosnüssen im Übermaß, konnte ich auch endlich mal wieder Auto fahren. Auch dabei habe ich viel gelernt: Phuket ist eine Insel zum Rumliegen. Nicht zum Erkunden. Wunderschöne Flecken, an denen man ständig »Ah!« ausrufen möchte. Außerhalb dieser Flecken: »Uuh!« Aber grün ist es.

Wer zwei Jahre lang kein Auto bewegt hat, sollte sich seine Jungfernfahrt in Thailand genau überlegen. Asien *und* Linksverkehr. Mehr als einmal habe ich beim Abbiegen nicht geblinkt, sondern sehr entschlossen die Scheiben gewaschen. Eine Geisterfahrt ist zudem nun kein theoretisches Konzept mehr.

Stromausfälle gehören in Südostasien dazu. Klimaanlagen benötigen Strom. Klimaanlagen sind nachts bei 35 Grad angenehmer, als man denken sollte.

Menschen, die den Satz »In Thailand kann man wirklich auch an den kleinsten Straßenständen unbesorgt gaaanz toll essen« von sich geben, haben entweder Glück, keine Ahnung oder einen Magen aus Edelstahl.

Nach einer wunderbaren Woche gepampert werden, dann der Weg zurück. Der Plan: gebräunt, erholt und mit einem seligen Lächeln im Gesicht entspannt abends wieder in Schanghai. Die Realität: Pläne sollte man hier nicht machen. Wir hätten es wissen sollen. Erstaunlich eigentlich, dass man auch nach langer Zeit in Asien und einer Woche Urlaub noch etwas ungehalten wird. Auch wenn es mittlerweile vielleicht ein wenig länger dauert.

Es gab eine Reihe von Ansagen am Gate, jede einzelne trug zum abnehmenden Grenznutzen meiner Langmütigkeit bei:

»Ihr Flug hat eine Stunde Verspätung. Um zwei geht es dann los.« – *Kein Problem.*

»Es könnte noch ein wenig dauern, wir bitten um Ihre Geduld.« – *Aber gerne doch.*

»Wir müssen ein Teil austauschen. Wir gehen davon aus, dass wir um 18.00 Uhr starten.« – *Was soll man machen?*

»Das Teil müssen wir aus Hongkong einfliegen und hier einbauen.« – *Ein bisschen stört es jetzt aber.*

»Es handelt sich um eine hydraulische Pumpe, die ausgetauscht werden muss. Das dauert ein wenig länger.« – *Diese Information wäre ein paar Stunden früher hilfreich gewesen.*

»Der Pilot muss leider seine Ruhezeit einhalten.« – *Und das kam nun so unerwartet?*

»Wir fliegen um 23.00 oder um 2.30 Uhr.« – *Ist ja fast kein Unterschied.*

»Also so um 4.00 Uhr, glauben wir, geht es los.« – *Ja, gleich geht es hier los.*

Ich will ja nicht unken, Thais sind tolle Menschen. Aber irgendwann weckt auch serviles Lächeln nur noch primitive Mordgelüste. Ich möchte es mir selbst fast nicht eingestehen: Ich habe unser eher granteliges Schanghai ein bisschen vermisst. Ich habe mir vorgenommen, dem ersten Taxifahrer, der mich anblafft, ein Eis zu kaufen.

Wenigstens fährt der pünktlich los.

Fatalismus

Manchmal bin ich mir nicht ganz sicher, ob ich die Chinesen bestaunen, bewundern oder für geistesgestört halten soll. Oft wechselt meine Meinung darüber sekündlich.

Was ich auch nach längerer Zeit hier noch nie wirklich nachvollziehen konnte, ist die Fähigkeit, auszublenden, dass es so etwas wie Risiken gibt. Oder Sterblichkeit.

Im Straßenverkehr kann man das besonders hübsch beobachten: Ganz abgesehen davon, dass Verkehrsregeln eher theoretischer Natur sind (und damit auch das galante Ignorieren von Fahrspuren, Stoppschildern und Ampeln erklären), das Urvertrauen darauf, dass das eigene Verhalten keine schwerwiegenden Folgen haben wird, kriegt man im Grunde schon nach einer Viertelstunde auf einer Hauptstraße in Schanghai mit.

Mittlerweile habe ich mich weitgehend daran gewöhnt, und vielleicht stimmt es sogar, dass das Schicksal vorbestimmt ist und man sich auch nicht drum scheren muss, ob es eventuell noch andere Verkehrsteilnehmer gibt. Oder Physik.

Jedenfalls zucke ich selbst auch nicht mehr zusammen, wenn ein kleines, schröddeliges Santana-Taxi selbstbewusst einem Zwanzigtonner in die Spur fährt. Nach einem Sicherheitsgurt habe ich auch schon ewig nicht mehr gesucht – meist sind sie sowieso unter dem

151

Sitz versteckt zugunsten eines (im Glücksfall) weißen Stoffbezugs.

Selbst die lautlosen Killer stören mich eigentlich nur noch, wenn sie unmittelbarer Auslöser einer Nahtoderfahrung sind. Aber manchmal staune ich trotzdem noch.

Man sieht häufig Roller mit einer glücklich lächelnden Vater-Mutter-Kind-Besatzung an einem vorbeihuschen. Heute wollte ich aber einem Fahrer an der Ampel schon fast spontan meine Bewunderung kundtun. Oder ihm eine langen.

Gepäck, Eltern und zwei Kinder. Ein Motorrad. Und der Mann wusste die Geschwindigkeit zu schätzen. Schön auch, dass bei einer Kollision wenigstens sein Kopf mit einem Helm geschützt ist. Zum Vergleich: Deutschland diskutiert die Helmpflicht für Fahrräder.

Natürlich habe ich leicht reden in meinem klimatisierten Taxi auf dem Weg vom Luxusgetto zum schicken Loftbüro.

Ich kann mir vorstellen, dass auch Chinesen mit sehr niedrigem Einkommen sehr um ihre Kinder besorgt sind, es sich aber eben nicht leisten können, dreimal zu fahren oder allen Helme zu kaufen. Trotzdem.

Ich habe das genauso schon in Autos jenseits der 100 000-Euro-Marke beobachtet: Kind auf dem Schoß, niemand angeschnallt oder, noch besser, Mutter und Kind in einem Gurt. Vielleicht sollte das chinesische Fernsehen mal den *7. Sinn* kaufen – und einen dramatischen Lehrfilm drehen über die Gefahren eines Aufpralls und den Effekt, der einem Eierschneider nicht unähnlich ist.

Was mich auch heute noch immer wieder in Erstaunen versetzt, sind die Fensterputzer. Das erste Mal sind sie mir im 23. Stock unserer ersten Wohnung begegnet.

Der Moment, in dem einem morgens ein Fensterputzer in sechzig Metern Höhe vor dem Fenster freundlich zulächelt, während man halb nackt an der Kaffeemaschine steht, ist in jedem Fall einer der erinnerungswürdigeren. Das Haus kann so hoch sein wie es will, Putzgondeln (übrigens eine der drolligsten Vokabeln der deutschen Sprache) gibt es eher selten.

Das alles ist auch ein wenig chinesische Grundgeisteshaltung. Deutsche können gut jammern, Chinesen sind unfassbar pragmatisch. Konsequenzen oder etwas zu Ende denken, liegt ihnen eher nicht. Ein einfach unglaublicher Drang, Dinge sofort anzugehen und den unmittelbarsten Lösungsweg zu wählen. Super bei Problemen ohne mögliche Folgen, zum Beispiel beim Fahrradreparieren. Nicht so super, wenn es etwas komplexer wird.

Mein Lieblingsbeispiel dafür ist die Sache mit den Spatzen.

Während der Kulturrevolution gab Mao bekanntermaßen die Losung vom »Großen Sprung nach vorn« aus. 1957 gab es dabei ein kleines Problem: zu wenig Getreide. Schuld daran: die vielen Spatzen, die alles wegfressen.

Um Geld für Gift oder Sonstiges zu sparen, standen die Chinesen auf wie ein Mann und machten wochenlang Lärm, um die Vögel so lange zu irritieren und in der Luft zu halten, bis sie vor Erschöpfung starben. Hat auch so weit geklappt: Am Ende der Aktion lagen zwei Milliarden tote Spatzen in China verteilt auf dem Boden. In Peking alleine vermeldete man den »Erfolg« von 401160 erlegten Vögeln.

Nicht zu Ende gedacht dabei: Vögel fressen Insekten. Nicht zuletzt auch Getreideschädlinge. Die Folge war eine Insektenplage, die sich gewaschen hat, und eine entsetzliche Hungersnot. So ganz ist dieses kurzfristige Denken noch immer nicht ganz verschwunden. Vom sorglosen Autofahren bis zur Reparatur von Starkstromleitungen mit Bindfaden. Wahrscheinlich kulturelles Erbgut, zumindest aber ein Garant für viele »WTF?«-Momente in China.

Bis heute gibt es übrigens verhältnismäßig wenige Spatzen in China.

Exoten sind immer die anderen

China ist manchmal wie ein Signalhorn gegen die Gewohnheit. Immer wenn man denkt, man hat es verstanden, tun sie etwas Drastisches und sorgen für erneute Verwirrung. Schanghai ist mittlerweile wirklich unser Zuhause, fremd fühlt sich kaum noch eine Ecke an, und nichts mehr überrascht hier einen wirklich. Dachte ich.

Zur Erneuerung der Erkenntnis »Manchmal haben sie echt einen an der Klatsche«, hat mal wieder ein Einkauf bei Carrefour gereicht. Eigentlich Standard, keine Überraschungen.

Erst habe ich gar nichts bemerkt – am Getränkeregal zunächst das komische Gefühl, dass irgendetwas anders ist. Bei der Zahncreme wusste ich dann: Die Musik ist es. In einem Großsupermarkt einer französischen Handelskette, am Stadtrand von Schanghai in einem Vorort namens Qingpu, unter 35 000 Chinesen, die sich anfühlen wie 350 000, zwischen Hühnerfüßen, tausendjährigen Eiern und Quallenkonserven: deutsches Liedgut in Startbahnlautstärke.

Und wir sprechen hier nicht von Beethoven. Der gesamte Supermarkt beschallt von einer Preziose deutscher Dicht- und Sangeskunst mit dem hübschen Refrain: »Ich bin Ü30, und das weiß ich, doch das ist mir scheißegal. Ich bin super drauf und noch immer erste Wahl!«

Ballermann-Mucke in Schanghai. Und das mehr als einmal – das war kein Versehen. Eine halbe Stunde

Einkauf hat gereicht, um das hübsche Stück siebenmal (!) zu hören. Ich habe diesen Mist in Europa schon so sehr gehasst, dass ich unter 1,5 Promille den Raum verlassen musste.

Die Recherche ergab, der Interpret nennt sich Peter Wackel. Ich finde, er sollte gesteinigt werden. Oder wenigstens nur geknebelt aus dem Haus dürfen.

Diese Musik brennt sich so tief ins Hirn, es ist wirklich unfassbar. Noch drei Wochen später hat sich dieser Ohrwurm in die Untiefen meines Denkens gefräst. Wahrscheinlich hat er dabei noch Schulwissen gelöscht. Kein Wunder, dass mir die binomischen Formeln nicht mehr einfallen. Aber ich schweife ab.

Après-Ski in Qingpu ist eigentlich nur eine Facette dessen, was einem erst in China klar wird: Exotik ist relativ. Ist ja eigentlich auch nur logisch. Wie schon mal beschrieben, kommen Deutsche und Deutsches hier super an. Es mag für Holländer, Engländer, Franzosen, Österreicher, Schweizer und etwa 39 andere Länder schwer vorstellbar sein: In China mag man uns.

Ganz vorbehaltslos. Manchmal vielleicht ein bisschen zu vorbehaltslos. In Europa bin ich zumindest noch nie mit einem aufrichtigen Lächeln gefragt worden, warum wir eigentlich so viele Menschen umgebracht haben, und habe auf die Frage meiner Herkunft noch nie die Antwort »super Rasse« bekommen. Auch Freundlichkeit kann einen peinlich berühren.

Kein Wunder also, dass man immer noch mehr Artikel aus Deutschland findet. Auch jenseits von Cityshop. Einige Carrefours haben ganze »Imported-Product«-Abteilungen.

Schön auch zu sehen, was hier neben Autos, Brot und Bier noch so schön exotisch ist: Haribo. Wobei man ehrlicherweise dazusagen muss, dass die Importwaren-dichte mit abnehmender Expat-Nachbarschaft des Su-permarkts deutlich sinkt.

Fast Marken für sich: Laowais aus dem »richtigen« Ausland (das heißt: nicht Japan). Richtig spitze sind sie, wenn sie wirklich integriert sind. Also nicht so wie wir.

Kürzlich habe ich Andrew Ballen kennengelernt. Aus New York, seit elf Jahren in China und der wahrschein-lich sympathischste Mann der Erde. Zudem ist er tief-schwarz und spricht fließend Mandarin. In Deutsch-land hätte man vielleicht gesagt »nett integriert«, hier hat er eine eigene Fernsehsendung.

Ganz groß ist hier auch Debbie. Eigentlich Debra Meiburg, eine Önologin aus den Staaten und ihres Zei-chens »Master of Wine«. Keine Taxifahrt vergeht, ohne dass Debbie einem erklärt, wie man Wein genießen sollte. Sie mag viel vom Weinbau verstehen, von der Auswahl des richtigen Gesichtschirurgen versteht sie allerdings zu wenig. Ihre Augenbrauen sind eher zu-fällig im auffallend mimikarmen Gesicht verteilt. Aber das macht ihre Sendung eigentlich nur noch amü-santer.

Der Plan steht also. Endlich Mandarin lernen, Nische suchen (vielleicht Apfelwein?) und berühmt werden.

Das Taxi brennt

Ich glaube ja, dass kulturelle Anpassung wie ein Computerspiel funktioniert: Es gibt Level. Aufgefallen ist es mir auf einer Fahrt im Taxi in die Stadt, während ich mich am Telefon mit meiner Frau unterhielt und mich sagen hörte: »... bleibst du bitte mal eben dran, ich muss nur kurz das Taxi wechseln – dieses hier brennt.«

Es brannte wirklich recht ordentlich. Die Kühlerhaube stand in Flammen, Menschen suchten nach Löschmitteln, und eine kleine Menschentraube hatte sich auch schon gebildet. Nachdem ich also den Fahrer bezahlt hatte und in einem neuen Taxi saß, fiel mir erst auf, wie wenig ich mich gewundert – geschweige denn aufgeregt – hatte. In Deutschland hätte ich angesichts eines brennenden Taxis zumindest mal aufgelegt. Wenn wir noch ein paar Jahre bleiben, ist auch jeder Rest von Überlebensinstinkt weg. Eine Nebenwirkung, von der einem vorher auch niemand was erzählt hat.

Ähnlich schlimm die Sache mit der Luft. Ich bin unter der Woche beruflich häufig in Peking und damit im Luftkurort derer, die nicht gar so sehr am Leben hängen.

In Deutschland war eine Feinstaubbelastung von fünfzig Mikrogramm pro Kubikmeter schon eine Schlagzeile. Hier in Peking waren schon mehr als achthundert Mikrogramm pro Kubikmeter nötig, um in die

Medien zu kommen. Ist wirklich eklig. Man kann die Luft fast kauen. Und sie schmeckt nicht gut.

Das eigentlich Erschreckende ist aber, wie schnell man sich daran gewöhnt. Ein Beispiel:

Die App für den Air Quality Index zeigt zweihundert Mikrogramm pro Kubikmeter an. Deutsche Behörden geben an: »Die Gesundheitsschutz-Grenzwerte sind überschritten. Gesundheitliche Beeinträchtigungen empfindlicher Personen sind möglich. Die Bevölkerung wird verstärkt über die Schadstoffsituation informiert.«

Meine Kollegen in Peking sagen dazu: »Lunch draußen. Cool.«

Auch sonst gibt sich Peking übrigens wirklich größte Mühe, ja nicht zu liebens- oder lebenswert zu erscheinen: Hiesige Taxifahrer lassen ihre Berliner Kollegen wie freundliche Knuddelhasen erscheinen. Wenn sie einen überhaupt ohne Bestechung mitnehmen.

Nein, Peking wird nicht mein Liebling. Obwohl ich die Stadt eigentlich mal ganz gerne mochte. Aber Berlin kann ja auch Spaß machen, wenn man nicht da leben muss. (Ja, ich weiß. Berlin ist gaaanz toll. Aber wie ich das der Diskussion in deutschen Medien entnommen habe, bin ich nicht der Einzige, der das anders sieht.)

Flieg, Laowai, flieg

Im Gegensatz zur landläufigen Meinung, ist es wirklich sicher, in China ein Flugzeug zu besteigen. Ernsthafte Unfälle gab es schon seit Jahren nicht mehr, die meisten Airlines sind mit modernsten Maschinen ausgestattet, die großen Flughäfen gehören zu den weltweit besten, und die Luftüberwachung übernimmt das Militär. Der letzte wirkliche Absturz fand 2010 statt.

Allerdings wirft bei diesem Zwischenfall die Kombination aus fragwürdiger Airline (Henan Airlines), schmuddeliger Maschine (eine alte brasilianische E-190) und dem Kaff, das Flugziel war (Yichun, 1,3 Millionen Einwohner, also quasi das Schneppenhausen Chinas), die Frage auf, wie diese Flugverbindung überhaupt je funktioniert hat.

Abstürzen tut man also schon mal nicht so leicht hier – was nicht heißt, dass man sich das nicht manchmal wünschen würde, allein um die Zeit an Bord zu verkürzen. Fliegen in China ist sicher, schön ist es nicht.

Vieles ist dabei sogar erstaunlich angenehm: Check-in schnell und effizient, Sicherheitskontrollen deutlich freundlicher und grapschärmer als in Deutschland, und sogar ich kann mich problemlos orientieren (und ich bin in Bayreuth gelandet, als ich nach Dresden fahren wollte).

Peking zum Beispiel ist dabei weltweit einer meiner Lieblingsflughäfen. Nach Passagieraufkommen der zweitgrößte der Welt und nach Fläche sogar das größte

Gebäude der Erde, trotzdem kommt man innerhalb von Minuten überall schnell und einfach hin. In Frankfurt ist das umgekehrt nicht der Fall.

Alles also grandios – bis zum Gate. Meistens steht da schon mal kein Flugzeug. Zumindest so gut wie nie zu der angegebenen Zeit. Wenn sich noch einmal jemand in Deutschland über verspätete Flüge beschwert, ziehe ich ihm persönlich einen Dumpling über den Kopf. Dabei gibt es hier so gut wie nie Informationen. Im Augenblick fliege ich jede Woche mindestens zweimal, dabei führe ich wöchentlich mindestens einmal folgendes Gespräch:

»According to departure information, the flight is on time but I cannot see the plane – is it delayed?«

»Yes Sir, the plane has not arrived yet.«

»Do you know when it is arriving?«

»Maybe you come back in 30 minutes?«

»Will the plane be here by then?«

»Come back in 30 minutes.«

Das Ganze geht dann meist zwei bis drei Stunden so. Ich weiß mittlerweile selbst, wie aussichtslos es ist, nach Informationen zu fragen, kann es aber dennoch nicht lassen. Eine meiner größten Alltagsängste ist es, einen Flug zu verpassen, weil ich zu dämlich war. Was übrigens nicht so unwahrscheinlich ist.

Verspätungen sind hier jedenfalls eher die Regel. Dafür gibt es mehrere Erklärungen, die alle schlüssig erscheinen:

Dreihundert Millionen Passagiere jedes Jahr, aber mit Flugkorridoren knausern, weil das Militär die meisten beansprucht.

Wenn ein hohes Parteimitglied fliegt, wird der Luftraum angeblich für kurze Zeit gesperrt (die zweihundert Mitglieder des Zentralkomitees hätten mich damit allein schon drei Tage Lebenszeit gekostet).

Es schneit (aber das scheint ja auch Frankfurt jedes Jahr wieder zu überraschen).

Woran auch immer es liegt, wenn ich plane, um acht zu Hause zu sein, stand ich bisher noch nie vor Mitternacht vor der Tür.

Richtiges Leid setzt aber erst beim Besteigen des Flugzeugs ein. Während die Stewardessen meistens doch sehr freundlich sind, können auch sie nichts gegen den Innenraum und das Essen ausrichten. In meiner Firma gilt die Regel: Bis vier Stunden Flugzeit wird Economy geflogen. Nachvollziehbar und vernünftig, trotzdem unangenehm. Durch die Bank abgerockte Sitze, die meiner Ansicht nach deutlich schmaler sind als in Europa. Aber vielleicht bin ich auch einfach nur zu fett geworden. Ändert nichts daran, dass ich auf Inlandflügen in China mehr intensiven Körperkontakt hatte als in meiner gesamten Teenagerzeit. Leider weniger freiwillig.

Vor Kurzem mein persönlicher Rekord: Ich hatte einen wenigstens einigermaßen angenehmen Fensterplatz, als ich einen Mann den Gang entlangkommen sah, bei dessen Anblick ich sofort dachte: »O Gott. Die arme Sau, die neben ihm sitzen muss.« Ein Riese. Ein breiter, glatzköpfiger, westlicher Riese.

Ich will nicht übertreiben, aber ich bin mir sicher, die Flügel hätten sich bei jedem seiner Schritte merklich bewegt, und dort, wo er entlangschritt, verstummten kurz sogar ganze Reihen von Chinesen. Er war wirklich sehr, sehr massig. Und natürlich nahm er direkt neben mir Platz. Holländer und ein sehr angenehmer Zeitgenosse, wie sich übrigens herausstellte.

Nichtsdestotrotz habe ich zwei Stunden in embryonaler Kauerhaltung verbracht und mehr als einmal mit dem Gedanken gespielt, meinen Nachbarn zu bitten, ob er mich vielleicht gnädigerweise bewusstlos schlagen könnte.

Chinesische Airlines kennen wirklich keinen Komfort. Wobei es doch Unterschiede gibt:

Air China ist fast westlich und noch die beste Wahl (auch wenn man auf manchen Flügen noch Aschenbecher in den Armlehnen entdeckt, was nicht für das Alter der Maschine spricht).

China Southern ist eng, aber nett und sauber.

China Eastern ist eng, nett und nicht sauber.

Schanghai Airlines ist wirklich, wirklich widerlich. Ich überlege, für Notfälle immer einen Gummimantel im Koffer zu haben. Sowie eine Klinikpackung Sagrotan.

China ist zwar groß, aber ein paar Stunden Enge würden ja noch gehen. Die eigentliche Prüfung aber ist die Kombination aus dem Mangel an frischer Luft und dem Übermaß an Mitreisenden. Sehr viele Chinesen brüsten sich damit, dass sie im Gegensatz zu Europäern ja keinen Körpergeruch besäßen. Tun sie doch.

Ich kann kaum zählen, wie oft ich schon kurz vor der Ohnmacht war, weil jede Bewegung meines Sitznachbarn mir einen kleinen Wiff Übelkeit verursachte. Ich habe in meinem Leben noch nie so oft die Luft angehalten wie in Chinas Flugzeugen. Sollte ich meinen Beruf wechseln, werde ich Apnoetaucher. Besonders ins Langzeitgedächtnis gebrannt hat sich ein Flug nach Hongkong, bei dem mein Sitznachbar aus irgendeinem mir unerfindlichen Grund immer seine Arme auf den Vordersitz legte oder sich streckte. Und mir dabei ständig seine von Deodorant bisher nie berührten Achselhöhlen seines durchgeschwitzten Plastikhemds ins Gesicht streckte.

Sehr eindrucksvoll sind auch Reisegruppen aus dem Hinterland. Wer noch nie Augen- und Nasenzeuge war, wie sich dreißig Erstflieger aus Harbin dem Wunder Bordtoilette widmen und dafür Schlange stehen, während man selbst auf dem Logenplatz davor und damit im Weg sitzt, hat nicht gelebt.

Geruch der Mitpassagiere ist aber nur einer der apokalyptischen Reiter chinesischer Flugreisen. Ihr Benehmen ist der zweite. Angesichts der Rangeleien um Platz und der Kämpfe um Armlehnen erwarte ich eigentlich jeden Tag eine handfeste Schlägerei. Kürzlich durfte ich dann recht behalten und dafür gleich selbst Protagonist sein.

Ich muss dazu sagen, dass ich auf Flügen ausgezeichnet schlafen kann. Sehr zum Unmut meiner wundervollen, aber flugangstgeplagten Frau übrigens.

Vor einigen Wochen schlief ich also selig in meinem engen, abgerockten, duftumwaberten Mittelsitz, irgendwo jenseits von Reihe 45, als ich unsanft von meinem Nachbarn geweckt wurde – mit einem Fausthieb in die Rippen.

Leider weiß ich bis heute nicht, warum er auf einmal so ausgetickt ist. In Sekunden bin ich im Kopf mögliche Gründe durchgegangen:

Ich habe mich im Schlaf bewegt und ihm siedendheißen Kaffee auf den Schoß gekippt. Kein Kaffee, kein Ungeschick. Check.

Ich habe mich im Schlaf auf ihn gelehnt und ihn vollgesabbert. Aufrechte Körperhaltung, kein Kontakt. Check.

Ich habe geschnarcht. Dann hätte er noch weitere vierzig Mitreisende hauen müssen. Check.

Ich habe es nicht rausfinden können. Wir haben uns ein paar Minuten angebrüllt, er auf Chinesisch, ich auf Deutsch, dann haben wir es auf sich beruhen lassen, ohne weitere Handgreiflichkeiten. Wahrscheinlich mochte er mich einfach nicht. Ich ihn danach auch nicht mehr.

Langer Rede kurzer Sinn: Fliegen in China könnte ein wundervolles Erlebnis sein. Wäre man allein.

Ich bin kein Pekinger

Ich bin in Deutschland ja scheinbar weitestgehend allein mit dieser Meinung, aber: Ich finde Berlin entsetzlich. Schmutzig, laut, roh und stolz darauf, jede soziale Interaktion mit einer Beleidigung zu beginnen. Berlin stinkt.

Nachdem ich zwischenzeitlich ein halbes Jahr beruflich in Peking verbracht habe, muss ich jedoch erkennen: Es geht noch schlimmer. Nach chinesischer Lesart ist Schanghai die wirtschaftliche Metropole, Peking die politische und kulturelle. Was einem in diesem Land eigentlich schon stutzig machen sollte.

Erst einmal die Größe. Nicht mal von der Einwohnerzahl her betrachtet (die ist mit etwa 21 Millionen sogar noch kleiner als Schanghai) – die reinen Ausmaße der Stadt sind gigantisch. Die Stadt ist so groß wie Schleswig-Holstein. Was nicht mal besonders tragisch wäre, wenn Peking auch ähnlich spärlich besiedelt wäre – die 21 Millionen fahren mittlerweile aber auch zu weiten Teilen Auto. Zu meinem Antrittsbesuch sollte ich einen Autohändler besuchen, um ein Interview mit dem Verkaufspersonal zu führen. Laut meinem Führer: »Ein wenig außerhalb des Zentrums.« Was die Entfernung anbelangt, hatte er sogar recht – wir haben jedoch sieben Stunden dorthin gebraucht.

Dann natürlich die Luft. Die ist mittlerweile so unfassbar schlecht, dass man das Gefühl hat, sie kauen zu können. Ich kenne kaum jemanden, der nicht gesundheitliche Schäden feststellt, schon nach nur einigen Wochen Peking. Eine Kundin von mir beginnt jeden zweiten Tag damit, ihr spontanes Nasenbluten in den Griff zu bekommen. Es ist nicht besonders gesund, hier zu leben.

Eine Gattung für sich: Pekinger Taxifahrer. Peking und Schanghai haben ein ähnlich entspanntes Verhältnis zueinander wie Köln und Düsseldorf. Man mag sich nicht. Ich glaube, das allein ist der Grund, warum alle, wirklich ausnahmslos alle Taxifahrer in Peking unhöfliche, gierige und stinkende Drecksäcke sind – nur weil ihre Schanghaier Kollegen so großartig sind.

Als Laowai ein Taxi zu bekommen im Pekinger Zentrum zur Rushhour ist tückischer als ein Picknick in der Eiger-Nordwand. Der einzige Weg, den ich gefunden habe um von A nach B zu kommen ist, energisch mit Geldscheinen wedelnd auf der Straße zu stehen, ins Taxi zu steigen, ohne das Gebrüll zu beachten und einfach den zehnfachen Fahrpreis zu bezahlen.

Dann die Sprache. Muss ein Metropolen-Ding sein, New Yorker und Berliner haben ja auch recht eigene Idiome. Was an »Wat denn jetzt, kieken oder koofen?« so charmant sein soll, hat sich mir allerdings nie erschlossen. Die Sprache Pekings ist ein ähnlich entzückender Hauptstadtdialekt: Pekingnese.

Der Pekinger Dialekt hört sich an, als hätte Kermit der Frosch zeit seines Lebens Filterlose geraucht und würde jede Unterhaltung in der Lautstärke eines Gesprächs im Bierzelt nach dem Genuss einer Flasche Wodka führen.

Dementsprechend begeistert war ich, als mir meine Firma den Wunsch antrug, ob ich nicht vielleicht die Leitung des Pekinger Büros übernehmen könnte. Ich habe mich sofort mit Händen und Füßen gewehrt und konnte meine drohende Versetzung auch nur unter Androhung von sofortiger Kündigung und Anrufen des Gerichtshofs für Menschenrechte abwenden. Nichtsdestotrotz: Ich muss ein halbes Jahr zumindest unter der Woche in Peking arbeiten. Meine Frau ist ebenso begeistert wie ich, aber wenigstens bleiben uns die Wochenenden.

Schon nach den ersten beiden Wochen wird klar: Von Schanghai nach Peking zu pendeln ist in etwa wie in Luzern zu leben und in Leverkusen zu arbeiten. Möglich, aber nicht empfehlenswert. Zumindest sind meine Kollegen im Hauptstadtbüro ausgesprochen nett und nehmen mich sofort unter ihre Fittiche. Eigenes Leid macht empathisch, vermute ich. Meine wochentägliche Unterkunft für das nächste halbe Jahr ist das A.Hotel, ein Etablissement, das sich nicht ganz entscheiden konnte, ob es Design- oder Budgethotel sein möchte. Das Ergebnis ist fragwürdiger Geschmack in XXL, es hat einen Teil des Workers Stadium in Beschlag genommen, einem der größten Stadien Chinas. Allein auf dem Weg von der Rezeption zu meinem Hotelzimmer laufe ich länger, als ich in Schanghai an einem ganzen Tag auf den Beinen bin.

Als wenn arbeiten in Peking nicht schon schlimm genug wäre, mein Interims-Management Assignment fällt auch noch mitten in den Winter – der ist in Peking *wirklich* kalt. Im Büro und im Hotel fällt mir deshalb auch unmittelbar auf, wie gut alle auf diese arktische Kälte vorbereitet sind: Drinnen ist es bullenwarm. Es fühlt sich an, als würde man im Daunenmantel eine Sauna während des Aufgusses betreten. Interessanterweise gibt es für diesen plötzlichen Temperaturanstieg in Pekings Innenraum einen Termin: Die Regierung beschließt, wann Winter ist, genauer: vom 15. November bis zum 15. März. Erst bei offiziellem Winterbeginn wird die Zentralheizung angeworfen, leider ist Pekings Wetter deutlich weniger gesetzeskonform als seine Heizungen – wenn es schlecht läuft, frieren viele Millionen Menschen ein paar Wochen. Das hat ein paar unangenehme Nebeneffekte – jedes Jahr sterben deutlich zu viele Pekinger an einer Kohlenmonoxidvergiftung, weil sie in ihrer Not den Kohleofen angeworfen haben, ohne für ausreichend Lüftung zu sorgen. Wenn die Heizung aber mal läuft, läuft sie gut. Zu gut. Alle zwei Minuten muss ich im Büro ein Fenster aufreißen, weil ich sonst die nächste Garstufe erreichen würde. Augenscheinlich bin ich nicht der Einzige mit diesem Problem, man erzählt mir, dass das alle so machen würden in Peking. Beim Gedanken daran, wie achtzig Millionen Deutsche jeden Quadratzentimeter ihres Hauses isolieren, aber 1,3 Milliarden Chinesen bei voll aufgedrehter Heizung die Fenster aufreißen, muss ich etwas kichern.

In Sachen Energieeffizienz, Luftreinheit, Verkehrsführung, Optik und Benehmen mag Peking nicht punkten, eines ist jedoch toll: Es gibt an jeder Ecke etwas zu entdecken, wenn man nur weiß, wonach man sucht (oder man hingeführt wird). Jeder Besucher Schanghais, der einen Reiseführer halten kann, wird die Geheimtipps der Stadt entdecken, einfach weil es in den meisten Fällen keine wirklichen Geheimtipps sind. Peking ist da subtiler, ich habe noch selten so viele positive Überraschungen erlebt wie hier – was vielleicht auch ein wenig daran liegt, dass meine Erwartungen an die Stadt auf den Nullpunkt sind.

So wurde ich in Peking von dem Bekannten eines Bekannten zum Essen in ein kleines französisches Lokal eingeladen, das »Café de la Poste«, ein kleines Bistro unweit des Lama-Tempels. Es ist so klein und unscheinbar, dass ich nicht nur mit dem Taxi vorbeigefahren, sondern dann noch mal zu Fuß drei Mal vorbeigelaufen bin. Ein winziges Restaurant mit einer großen Theke und vielen französischen Besuchern, die sich Peking von der Seele trinken. Die Karte ist überschaubar, es gibt Fleisch, Käse und Wein. Alles ist köstlich, ich habe schon seit Jahren nicht mehr so gut französisch gegessen, aber der Käse macht den Abend perfekt, wahrscheinlich, weil ich so lange keinen guten mehr hatte. Wer hätte gedacht, dass es so etwas wie Käseentzugserscheinungen gibt. Wir leeren zu dritt vier Flaschen Wein und sind um acht Uhr gleichermaßen angelötet wie unternehmenslustig, so fällt der Vorschlag, von Wein zu Whisky zu wechseln auf fruchtbaren Boden. Mein Bekannter ist bekennender Rollerfahrer in Peking und nimmt mich auf dem Sozius seiner Vespa mit zu einer seiner Lieblingsbars, in der es angeblich mehr als achtzig verschiedene Single Malts gibt.

Alkohol war schon immer ein probates Mittel, Gefahren zu unterschätzen, aber was ich mir dabei gedacht habe, mich betrunken ohne Helm auf den Rücksitz eines ebenfalls betrunkenen Rollerfahrers bei minus zehn Grad zu setzen, um in halsbrecherischer Geschwindigkeit durch die engen Gassen Pekings – Hutongs genannt – zu fahren, um einen Whisky zu trinken, erschließt sich mir heute noch nicht. Jedenfalls ist die Bar ein echter Volltreffer, auch wenn man sie nicht Bar nennen möchte. Zwei zusammengelegte Garagen mit ein paar Holzbänken, zwei Kühlschränken und Single-Malt-Whisky in unfassbarer Vielfalt. Das perfekte Beispiel für Peking und sein Nachtleben: Auf einmal steht man an einem ganz wundervollen Ort und fragt sich, wie man dorthin gekommen ist. Der Kater kommt dabei immer, sei es durch Alkohol oder am nächsten Morgen, wenn man durch die Eiseskälte und Todesluft der Hauptstadt in sein überhitztes Büro wackelt.

Viele Expats, die schon längere Zeit in Peking weilen, wollen eigentlich gar nicht mehr weg. Vermutlich das Stockholm-Syndrom der Entsendeten: Man gewöhnt sich an alles. Leider.

TEIL 3

»DROLLIG«

Von China gelernt

Man lernt nie aus. Das gilt wahrscheinlich sogar noch mehr für das Leben im Ausland. In China habe ich bisher sehr viel gelernt:

1. Eine Stadt, die »nicht sehr groß« ist, kann immer noch mehr Einwohner haben als Berlin, Rom und Paris zusammen.
2. Auch vermeintlich eindeutige Aussagesätze sind kultureller Interpretation unterlegen (»Die Präsentation ist fertig.« – »Kein Problem.« – »Ich komme morgen um vier.« – »Das ist ungefährlich.«)
3. Lieferzeit und Geschmack von Liefergerichten stehen in einem direkten Zusammenhang.
4. Neunzig Minuten sind für jedes Gericht zu lang. Besonders für einen Big Mac.
5. Chinesen essen zwar Hunde, jedoch ist es keine weitverbreite Lieblingsspeise.
6. Hund ist ein Winteressen.
7. Hühnerfleisch und Hühnerherzen sehen im gegrillten Zustand sehr ähnlich aus, haben geschmacklich aber wenig Gemeinsamkeiten.
8. Eine Autohupe ist kein Warnsignal, sondern ein Kommunikationsinstrument.
9. Ein paar kleine Tonverschiebungen können den Unterschied zwischen einem Kompliment und einer handfesten Beleidigung ausmachen.

10. Gesichtsentgleisungen eines Beleidigten sind weltweit ähnlich.

11. Es gibt viele, teils wirklich gute Witze über Deutsche (»Wie öffnet ein Deutscher eine Auster? ›KLOPF‹ ›KLOPF‹ ›KLOPF‹ – Aufmachen!«)

12. Chinesische Beamte sind entschieden freundlicher als deutsche. Selbst wenn sie einen verhaften.

13. Chinesen vertragen Alkohol oft weniger gut als Europäer.

14. Scheren tut es sie nicht.

15. Die maximale Zuladung eines Elektrorollers beträgt das 450-Fache seines Eigengewichts.

16. An Bord eines Flugzeugs der Schanghai-Airlines ist die Durchsage »Wir versprechen Ihnen eine Erfahrung, die Ihnen in Erinnerung bleiben wird« nicht zwingend positiv gemeint.

17. Toxic, Waters, Pinky, Wohlstand und Potato sind gesellschaftlich akzeptierte Vornamen.

18. Spareribs mit Stäbchen zu essen und dabei seine Würde zu bewahren ist unmöglich.

19. In einem Markt mit 1,3 Milliarden Konsumenten verdient man mit Fälschungen auch dann Geld, wenn das Produkt selbst einen geringen Wert hat. Zum Beispiel Erbsen.

20. J. K. Rowling hat nicht sieben, sondern elf Bände von Harry Potter geschrieben, die letzten vier aber exklusiv in China herausgebracht. Unter anderem die Klassiker *Harry Potter and the Leopard Walk-Up-To Dragon* und *Harry Potter and the Chinese Overseas Students at the Hogwarts School of Witchcraft and Wizardry*.

21. Ab einer bestimmten Menge Alkohol ist es auch Westlern ohne vorherige Sprachkenntnis möglich,

fließend Mandarin zu sprechen. Dies gilt auch für Finnisch, Ungarisch und Indonesisch.

22. Quallen haben ein super Kaugefühl.

24. Seeschnecken nicht.

25. Pierre Littbarski ist in China auch 2012 noch ein echter Weltstar.

26. Deutsche Hunde fressen gerne chinesische Bonsais.

27. Deutsche Katzen verlieren in China den Verstand beim Anblick deutscher Salzstangen.

28. Hessisch ist in Schanghai eine praktikable Kommunikationsalternative zu Mandarin.

29. Das ökonomische Konzept der Preisbildung durch Angebot und Nachfrage lässt sich anschaulich am Mozzarellapreis in Schanghai erklären.

30. High Heels, Micro-Rock und Korsage fallen unter »Business Attire«.

31. Der TÜV ist Deutschlands am meisten unterschätzte und völlig zu Unrecht verunglimpfte Institution.

Kauf, China, kauf!

Ein Teil meines Jobs besteht darin, zu verstehen, wie Konsumenten denken und handeln, um sie dazu zu bewegen, weniger zu denken und mehr zu kaufen. Ich werde quasi dafür bezahlt, in den Untiefen chinesischer Denk- und Verhaltensweisen zu wühlen. Es ist dort oft sehr unaufgeräumt.

Marketing und Werbung sind keine Astrophysik. Im Grunde funktioniert das alles weltweit mehr oder minder einfach und ähnlich. Auch wenn Heerscharen von Marketingexperten gerne den gegenteiligen Eindruck erwecken wollen, Konsumenten ticken global im Grunde gleich: angeben, wenig ausgeben, sich besser fühlen, das Leben genießen, aufreißen, glücklich sein, unsterblich werden.

Die größten Motivatoren sind weltweit meistens gar nicht so unterschiedlich, da macht China keine Ausnahme.

In mancher Hinsicht jedoch sind chinesische Konsumenten aber schon einzigartig, wenig überraschend. Ein Land, in dem Speiseschildkröten an der Ampel verkauft werden und das beschließt, sich in mehr als 80 000 verschiedenen Schriftzeichen auszudrücken, muss Eigenheiten haben. Ein paar Unterschiede sind gleichermaßen erstaunlich wie drollig.

Bitte nicht um die Ecke denken

Ganz China ist Großmeister darin, um die Ecke zu denken und zu kommunizieren. »Nein« ist sehr selten, »Ja« kann von »Ja« bis »Nicht in tausend Jahren« alles heißen, und man zieht einem Oktopus leichter einen Pullover an, als von einem Chinesen eine klare Ansage zu bekommen. Nur Werbung, die um die Ecke denkt, versteht keine Sau.

Es gibt unter Werbern einen berühmten Fernsehspot für die Marke Cadbury, einen Schokoriegel. In ihm ist ein Gorilla zu sehen, der mit iPod im Ohr zu lauter Musik das Trommelsolo von Phil Collins' »In The Air Tonight« spielt. Klingt merkwürdig, sollte man sich aber mal ansehen. Gänsehaut garantiert – zudem ist er eine der effektivsten Formen der Marketingkommunikation, die wir bisher messen konnten.

Werbestrategen sind dazu da, um mehr zu verkaufen, und sie sind sich mittlerweile einig, dass emotionale Kommunikation dafür effektiver und effizienter ist. Dieser TV-Spot kann eben beides.

Wir haben unterschiedliche, manchmal sogar raffinierte Methoden, um die Wirksamkeit zu messen. Eine davon ist, emotionale Reaktionen von Konsumenten zu messen. Die Theorie dahinter: Es gibt sieben grundsätzliche, weltweit gleiche Basisemotionen: Angst, Ekel, Wut, Verachtung, Freude, Trauer und Überraschung. Jede dieser Emotionen geht mit einer bestimmten Mimik einher, die unterschiedliche Gesichtsmuskeln aktiviert – und das kann man messen. In Verbindung mit einem ökonometrischen Modell verstehen wir dadurch besser, welche Werbung effektiver ist.

Wichtig ist eigentlich nur: Weltweit toppt der verdammte Gorilla alles. Nur nicht in China. Als ich die Marktforschungsergebnisse gelesen habe, musste ich ein paarmal herzhaft lachen:

»Why is a Gorilla playing a drum? That is silly. Gorillas do not play instruments.«

»The Gorilla is disgusting. I do not want to buy chocolate from a company that does stuff with hairy apes.«

Das Gleiche bei emotionaler Reaktion: auf der ganzen Welt Überraschung und Freude, in China Verachtung und Ekel. Das ist in keinster Weise herablassend gemeint, sie verstehen es einfach nicht.

Ganz sicher sind chinesische Konsumenten nicht dümmer als europäische. Hier wird nur vieles anders wahrgenommen. Zum einen können sie mit der Musik nichts anfangen. Phil Collins kennt hier schon mal kein Mensch. Was übrigens nicht das Schlechteste ist. Zum anderen: Wer hier werben will, sagt, was Sache ist, ohne viel Schnörkel.

Besser, billiger, schöner, mehr Gesicht. Zeig das Produkt. Fertig.

Wer richtig punkten will, haut emotional dabei noch richtig auf die Kacke. Es gibt einen Fernsehspot, der in China unglaublich erfolgreich ist und das Maß aller Dinge in Sachen TV-Werbung. Beworben wird Kaugummi von »Wrigley's Extra«. Darin passiert Folgendes: Ein junger Mann fährt mit einem Motorrad an einer abgelegenen Tankstelle vor. Er wird von einem Mädchen bedient, das er zunächst für einen Mann gehalten hat, weil sie einen Mechanikeroverall trägt. Sie gibt ihm Kaugummis, er fährt weiter. Beide schauen nachdenklich.

Berührt das chinesische Herz unendlich.

Diesen Spot verstehe ich jedoch wiederum nicht. Zumindest berührt es mich nicht. Ich bin ja aber auch kein Chinese.

Dieser Spot war der Auftakt für eine ganze Kampagne, die die Geschichte der beiden erzählt. Meine Kollegen haben versucht, mir zu erklären, wie schön es gelungen sei, die verschiedenen Geschmäcker des Lebens mit der Geschichte des Kaugummi-Paares zu verbinden. So ist zum Beispiel Eifersucht salzig, ein Kaugummi verspricht Rettung. Ist so wirr, wie man es liest.

Sie ticken eben gleich, aber anders. Faszinierend, Watson.

Länderzwillinge

Dies war heute der erste Arbeitstag nach Chinese New Year, alle entspannt, alles auf Neuanfang. Teil des Tages war ein nettes Essen mit Kollegen aus unterschiedlichen Ländern. China, England, Irland, Singapur, Malaysia, Schweden und Frankreich an einem Tisch. Europe meets Asia. Zudem waren alle ein wenig albern (wahrscheinlich Restalkohol). Ergebnis dessen war eine Diskussion, die wirklich amüsant war: Welches Land tickt wie, und welche Gemeinsamkeiten gibt es zwischen Europa und Asien. Daher auch eigentlich kein Artikel über China. Außer Konkurrenz.

Kurzes, völlig subjektives Ergebnis war ein Ländervergleich, der gleichermaßen erstaunlich wie politisch inkorrekt ist. Welches Land in Asien teilt Eigenschaften mit welchem Land in Europa.

Und hier die heimlichen Länderzwillinge:

Deutschland und Japan
Diszipliniert, gründlich und erfolgreich mit Landesprodukten in der ganzen Welt. Spießertum ist eine Tugend. Wenig oder zumindest sehr eigener Humor. Im Zweiten Weltkrieg in fast allen Nachbarländern eingefallen und wundern sich trotzdem, warum sie keiner mag. Ganz groß in Autos und Maschinen. Sprache, die sich wie eine Wutattacke anhört. Werden ungern an früher erinnert und lieben Hierarchien.

China und die Türkei

Jahrtausendealte Hochkultur, haben der Menschheit Unzähliges beschert, aber die letzten hundert Jahre ein wenig ins Hintertreffen geraten. Derzeit auf der Überholspur mit erstaunlichem Wirtschaftswachstum und lassen andere Länder alt aussehen. Lieben Lärm und Blingbling. Reagieren patzig, wenn sie darauf angesprochen werden, wie mit Minderheiten umgegangen wird. Botschafter der Kultur und Landesküche in aller Welt. Unfassbar freundlich und geschäftstüchtig. Halten Verkehrsregeln und technische Sicherheit für überbewertet.

Korea und England

Insel mit Anschluss, sind sich selbst genug im Grunde. Die logischste Sprache des Kontinents. Beherrschen nur zwei Gerichte, die allerdings gut. Sehr auf Etikette und Regeln bedacht. Gefühlte Überlegenheit, ohne es jemals zu sagen.

Singapur und die Schweiz

Sicher, sauber, langweilig. Klein, aber sehr einflussreich. Sprechen keine wirklich eigene Sprache. Schön gelegen, wer hier arbeitet, hat entweder einen guten Job, oder er hat es nicht mehr nötig, zu arbeiten. Lieben Einwanderer, solange sie nicht vorhaben, für immer zu bleiben.

Thailand und Italien

Die beste Küche des Kontinents. Immer gut drauf und permanent Sonne. Arm, aber sexy. Wer dort lebt, will eigentlich nicht mehr weg. Wahnsinnig stolz, werden aber selten ernst genommen vom Rest der Welt. Instabile Regierung, mögen Unterhaltungen darüber jedoch nicht.

Wir hätten liebend gerne noch Zwillinge für Indonesien, Vietnam und andere gefunden, es fehlten jedoch (vermeintliche) Experten. Wir sollten mal die Chinesen befragen.

Heiter bis lockig

Zum Friseur zu gehen, war für mich schon in Deutschland ein Unterfangen mit eher zufälligem Ausgang. Meistens sehe ich nach einem Friseurbesuch aus wie ein 15-Jähriger mit ungesundem Lebenswandel.

Das wohlgemerkt in dem Land meiner Muttersprache, in dem ich artikulieren konnte, was ich wollte – hier kann ich es nicht.

Erschwerend kommt hinzu, dass man hier erst mal einen Friseur finden muss. Nicht dass es an Angeboten mangeln würde – in jeder Straße Schanghais gibt es mindestens zwei Läden, die professionelle Haarpflege anbieten. Angeblich.

Offiziell gibt es in China keine Prostitution. Inoffiziell ist es deutlich leichter, einen Blowjob zu bekommen als eine Flasche Mineralwasser mit Kohlensäure. Die meisten der in diesem Gewerbe arbeitenden Damen bieten ihre Dienste in Spas an. Oder eben in Friseursalons.

Vor unserem Compound gibt es ein solches »Spa«. Nach Ansicht meiner Expat-Kollegen muss man dort wahrscheinlich extra bezahlen, um kein Extra zu bekommen.

In jedem Fall gab man mir zwei Tipps mit auf den Weg:

Erstens: Immer auf die Farbe der Barber Poles achten. Ich hatte mich sowieso schon immer gefragt, wie diese vor Friseuren sich drehenden Dinger heißen. Schwarz: Hier geht es um Haare. Farbig: Hier geht es um »Entspannung«.

Auf das Geschlechterverhältnis der Angestellten im Salon achten. Zehn Männer, zehn Frauen: Haare. Ein Mann, zwanzig Frauen: Lende.

Mit diesem Wissen ausgestattet, habe ich die erste Hürde schnell genommen – zwei Minuten von meinem Office: ein scheinbar wirklicher Friseursalon. So weit, so gut. Ich betrete den Laden, und man lässt mich Platz nehmen. Niemand spricht Englisch. Wozu auch, ich bin wahrscheinlich der erste nichtchinesische Kunde seit Monaten.

Man stellt mir Fragen, die ich nicht verstehe und natürlich auch nicht beantworten kann. Zeichensprache für »Schere« versteht man auch in China, ein Teilerfolg: Man drückt mir ein Menü in die Hand. Preise von 8 bis 100 Yuan. Leider kann ich nicht lesen, wofür. Ich entscheide mich für das Mittelfeld und nehme etwas für 40 Yuan (4 Euro). Es geht los.

Erst mal gibt es Tee, und ich werde in Plastik eingepackt. Als Nächstes kommt ein Mädchen in Uniform und wäscht mir die Haare. Ohne Wasser. Scheint auch zu gehen, irgendwann ist das Ergebnis ein sehr schaumiger Kopf. Danach führt sie mich zu einer Liege mit Waschbecken, wo sie mich hinlegt, um den Schaum auszuwaschen.

Wieder zurück vor den Spiegel, jetzt werde ich massiert. Oder so ähnlich. Kopfhautmassagen gibt es ja auch in Deutschland, Schulter- und Rückenmassagen nicht. Genauso wenig wie Zerren an den Fingern, bis die Gelenke knacken (scheint wohl gesund zu sein nach chinesischer Ansicht) und Säubern der Ohren.

Mein Chinesisch reicht leider nicht aus, um ihr zu verstehen zu geben, dass sie das bitte lassen soll. Ich lasse mir nur sehr ungern von Fremden im Gehörgang rumpulen. Sie ist jedoch unbeirrbar und steckt mir weiterhin Papierstäbchen ins Ohr.

Nun bin ich bereit fürs Haareschneiden. Wachablösung, ein Junge mit dem Schildchen »Hairdesigner« (auf Englisch!) stellt sich vor mich hin und erzählt mir irgendwas. Er sieht aus wie ein asiatischer Justin Bieber in zu großen Klamotten und zappelt um mich herum wie ein Kind mit ADHS auf Koks. Das wird spannend.

Ich gebe ihm zu verstehen, dass ich zwei Zentimeter weniger möchte und zur Gewalttätigkeit neige, wenn es zu kurz wird. Er fängt an zu schneiden. Schnell ist er, nach zehn Minuten ist er fertig. Und das Ergebnis ist super.

Zumindest auch nicht schlechter als in Deutschland. Massage, Unterhaltung, geschnittene Haare – und ich kann ohne Mütze das Haus verlassen. Dufte.

Das nächste Mal schaue ich mal, was ich für 8 Yuan bekomme.

Stirb, Billy!

Ich bin kein großer Fan von IKEA. Halt, Euphemismus-Alarm, ich muss das anders formulieren. Ich halte IKEA für das perfide Instrument einer boshaften Regierung, um die Welt nervlich zu ruinieren. Ingvar Kamprat ist der wahre Dr. No.

Schon in Deutschland fand ich die Aufforderung »Lass uns doch mal zu IKEA fahren« ähnlich reizvoll wie »Lass uns doch vor dem Essen mit Säure gurgeln«. Nein, ich mag IKEA nicht.

Hätte ich damals schon IKEA in Schanghai gekannt, wäre ich samstags lachend und singend nach Wallau gefahren.

Natürlich ist unfassbar viel los. Knappe 25 Millionen Menschen in Schanghai, zwei IKEA-Filialen. Wer sich vorstellen kann, wie sich Hamburg, Berlin, München und Köln einen Laden teilen und zeitgleich besuchen, hat das richtige Bild im Kopf. Fairerweise muss ich zugeben, dass es deutlich besser geworden ist, seit eine zweite Filiale in Pudong eröffnet wurde, lustig ist es aber immer noch nicht.

Chinesen lieben IKEA. Hier heißt es »Yi Jia«, was so viel wie »Geeignet für die Familie« bedeutet. Und das nehmen sie wörtlich. Für chinesische Maßstäbe ist IKEA recht teuer. Zwar ist Chinas Mittelschicht auf dem Vormarsch, zu großen Einkaufsorgien im schwedischen Möbelhaus reicht es jedoch nur selten. Das hält natürlich niemanden davon ab, dort einen tollen

Samstag mit der Familie zu verbringen. Im geliehenen Wohnzimmer.

Man sieht ganze Großfamilien den Luxus eines neuen Wohn- oder Schlafzimmers genießen – und sei es auch nur für ein paar Stunden. Es wird gegessen, getratscht, geschlafen. Chinesen sind einfach unfassbar gut darin, die Umgebung auszublenden.

Knapp die Hälfte der hier Herumstromernden kauft auch etwas. Es geht um das Zusammensein. Die jüngste Popularität hat das Verlangen nach Nähe für IKEA jedoch deutlich verschärft. Organisierte Treffs für Singles mittleren Alters oder Eltern, die ihren Nachwuchs unter die Haube bringen wollen, treffen sich in der Cafeteria zum Beschnuppern. Die siebenhundert Plätze sind meist durchgehend belegt, Getränke und Essen sind so schön billig.

Platz für einkaufende Kunden bleibt da leider nicht mehr. Es gab schon mehrfach ernsthafte Handgemenge – man überlegt jetzt, wie man eine Lösung für alle findet.

Ich habe mich diebisch gefreut zu lesen, dass es im ganzen Land nun auch IKEA-Kopien gibt. Das komplette Konzept kopiert – nur der Name ist ein wenig adaptiert. Statt »Yi Jia«, »Shi Jia«. Wie man hört, sehr erfolgreich. IKEA tobt – Markenschutz hier durchzusetzen ist jedoch schwer.

Ich kann Schadenfreude nicht verhehlen. Rache für 12 000 Teelichte, die ich nie wollte.

Vier steht für Tod

Ich bin nicht sonderlich abergläubisch. Oder es liegt einfach daran, dass ich ein so katastrophales Gedächtnis habe. Ich kann mir ums Verrecken nicht merken, aus welcher Richtung kommend eine schwarze Katze nun Unglück bringt oder über welche Schulter ich Salz werfen muss, wenn mir denn eine begegnet. Wäre ich Chinese, würde diese Achtlosigkeit wohl meinen sicheren Tod bedeuten. Zumindest nach Ansicht aller chinesischen Kollegen und Freunde, die ich zu diesem Thema befragt habe. Angesichts meiner Ignoranz gegenüber höheren Gewalten rechnen sie alle damit, dass ich spektakulär aus dem Leben scheiden werde. Ich glaube ja, sie wetten auch darauf.

In China hat alles eine Bedeutung, und ich habe noch nicht einmal angefangen, alles zu verstehen. Allein die Bedeutung aller Zahlen zu verstehen, dauert sicher Jahre.

Unschlagbar gut ist die Zahl 8. Ausgesprochen hört sie sich ähnlich an wie »Wohlstand«, und die Zahl 88 sieht den chinesischen Schriftzeichen für »Freude« sehr ähnlich. Achten sind toll. Wie toll?

Die Eröffnung der Olympischen Spiele in Peking begann am 08.08.08 um 08.08 Uhr und 8 Sekunden, viele Flüge von und nach China haben die Flugnummer 88 oder 888, und in Chengdu wurde die Telefonnummer 8888 8888 für umgerechnet mehr als 200 000 Euro verkauft. Die Acht ist richtig toll.

Ihr etwas ungeliebter Antagonist ist die Zahl 4, weil, wenn man sie ausspricht, sie sich wie »Tod« oder »stirb« anhört. Ich habe es mir zur Gewohnheit gemacht, jeden Irren, der mich fast überfährt oder beinahe anspuckt, ein herzliches »Vier!« an den Kopf zu schmettern. Das sitzt.

Die Vier ist hier wirklich die große Arschkarte der Zahlenwelt und wird gemieden, wo es geht. Das Militär umgeht die Zahl Vier bei allem, was es durchnummeriert, es gibt keinen Tisch Nummer vier im Restaurant, und alles, was man en gros verschenkt, wird niemals im Viererpack überreicht. Die Angst vor der Vier ist in China (und fast ganz Asien) so weit verbreitet, dass sie einen eigenen Begriff bekommen hat: Tetraphobie.

Das kann manchmal ganz drollig sein. Kaum ein Haus hat zum Beispiel ein viertes Stockwerk, viele konsequenterweise auch kein vierzehntes oder vierundzwanzigstes. Die vierzigsten Stockwerke fallen oft komplett weg. So gibt es einige Häuser, die gar nicht mal riesig sind, aber trotzdem auf fünfzig Stockwerke kommen.

Weniger drollig ist es, wenn einem die Vier bei der Arbeit in die Quere kommt. Wir haben schon ganze Großkampagnen für erhebliches Geld später starten lassen müssen, weil sich viele Lieferanten schlicht weigerten, ein Produkt am vierten eines Monats einzuführen. Nicht mal gegen Geld.

Grundsätzlich hat jede Zahl eine Bedeutung, manchmal ist aber auch nicht ganz klar, unter welchen Umständen sie nun gut oder schlecht ist. Aus eigener Erfahrung weiß ich jedoch, dass man mit einer richtig miesen Telefonnummer einen ganzen Tisch Chinesen einen halben Abend lang großartig unterhalten kann.

Mancher Aberglaube dagegen ist richtiggehend bezaubernd.

Türen in alten chinesischen Häusern sind oft reine Stolperfallen. Ich habe das monatelang für reine Dusseligkeit gehalten, bis ich gelernt habe, dass das so gewollt ist. Chinesische Geister haben keine Knie – und da sie die Beine nicht heben können, helfen riesige Fußleisten, sie draußen zu halten.

Hochhäuser in Hongkong haben oft riesenhafte Lücken. Macht wohl hinsichtlich der Statik Sinn, weil so der Druck von Taifunen gemindert wird. Laut Ansicht der Chinesen ist aber etwas anderes viel wichtiger: Es ist dann leichter für die Drachen, von den Bergen hinunter zum Meer zu fliegen, um dort zu trinken.

Hongkong ist überhaupt Spitzenreiter, was den Aberglauben anbelangt. Oder den Glauben an schwer nachvollziehbare Konzepte wie Feng-Shui. In Deutschland ist mir das bisher nur in Esoterikläden begegnet oder bei Freunden, die begeistert von neuer Energie im Haus geschwärmt haben, nachdem sie den Zimmerbrunnen neben das Billyregal gestellt haben. Das waren aber auch meist die, die ihren Namen tanzen konnten und beim Anblick eines rohen Steaks hyperventiliert haben. Nicht wirklich repräsentativ also. In China im Allgemeinen und in Hongkong im Besonderen ist Feng-Shui allgegenwärtig. In unserem Hongkonger Büro arbeite ich mit unfassbar westlichen Chinesen zusammen, die nicht nur zauberhaft, sondern auch noch ausgesprochen intelligent und gebildet sind. Deutlich mehr als ich zumindest. Britisches Internat, Oxford und ein wirklich kosmopolitisches Umfeld haben aber nicht den Hauch einer Chance gegen Feng-Shui.

Das Büro einer meiner Kolleginnen ist so schick und schön gelegen, dass selbst Donald Trump wahrscheinlich neidisch wäre. Ich bin es zumindest. Kürzlich stellte ich jedoch fest, dass sie umgezogen ist – in ein höhlenartiges Zimmer auf der anderen Gebäudeseite. In etwa die Größe eines Chinchillakäfigs und so dunkel, dass sie ohne eine Flutlichtanlage gar nicht arbeiten kann. Meine Frage, warum um alles in der Welt sie freiwillig ihren Palast mit dem Agenturkerker getauscht hat, hat sie trotzdem überrascht. Mit einem Gesichtsausdruck, der sonst minderbemittelten Vierjährigen vorbehalten ist, erklärte sie mir: »Schlechtes Feng-Shui natürlich. Zumindest dieses Jahr. Nächstes Jahr kann ich wieder zurück.«

Ein anderer Kollege hat sein Büro auf dieses Jahr vorbereitet, indem er Möbel und Dekoration umverteilt hat. Es sieht jetzt bei ihm aus, als hätte sein Büro das Tourettesyndrom.

Déguó, Déguó über alles

Fühlt sich ungewohnt an, aber Deutsche sind in China ziemlich beliebt. Deutsche Autos sind Statussymbol, »Michael Schumacher« und »Bayern München« sind oft die einzigen deutschen Worte, die man hier kennt, und die Bundesliga verfolgen erstaunlich viele. Kein Witz, wer wissen will, wie Schalke–Dortmund gespielt hat, muss nur einen Taxifahrer in Schanghai fragen, die Chancen stehen nicht schlecht, dass er alle Ergebnisse kennt.

Deutsche gelten in China als fleißig, pünktlich, qualitätsversessen und ein bisschen Furcht einflößend. Man sagte mir, Deutsch würde sich für viele Chinesen wie ein veritabler Tobsuchtsanfall anhören.

Es hat Monate gedauert, bis meine Mitarbeiter nicht mehr in Angststarre verfielen, wenn ich mit ihnen sprach. Und ich war wirklich immer nett zu ihnen. Glaube ich.

Auch sonst ist man in China Deutschen gegenüber meistens sehr aufgeschlossen und neugierig. Merkwürdig neugierig. Ich wurde schon mehr als einmal gefragt, wie das denn war im Dritten Reich und warum wir so viele Menschen umgebracht haben. Völlig vorwurfsfrei, einfach nur neugierig – als würden sie nach der Uhrzeit fragen. Chinesen finden die Nazizeit eher belustigend als tragisch. Ich wurde schon häufig lächelnd und fröhlich mit »Heil Hitler« begrüßt oder gefragt, welcher Arm denn zum richtigen Gruß gestreckt werden muss. Es ist wirklich schwer, ihnen zu erklären, dass das weder lustig noch angebracht ist und sie das doch bitte nie tun sollten. Schon gar nicht, wenn sie nach Deutschland reisen – was derzeit viele tun.

Kurzum: Hier ist deutsch cool. Deshalb wird mit deutschen Produkten oft und gerne geworben. Im Augenblick ist Brot der heiße Scheiß. »Zwilling« (die mit den Messern) hat an jeder Ecke eine Bäckerei aufgemacht. QBake. Der Name mutet zwar nicht sehr deutsch an, das Brot ist aber gar nicht mal schlecht.

Deshalb überrascht es auch nicht, dass Cityshop, der West-Supermarkt schlechthin in Schanghai, auf den Zug aufspringt, um Haribo & Co. als »Deutschen Zeitgeist« zu verkaufen. Made in Germany ist immer gut.

Natürlich muss man Deutschland ein bisschen erklären. Cityshop übernimmt das gerne im Rahmen der großen Aktion »German Food Festival«.

Dabei lernt man auch als Deutscher noch was. Ein Plakat klärt die Kundschaft über deutsche Sitten und Gebräuche auf: »Germans love meat, especially pork. In addition to eating three square meals of pork each day, they sometimes even have a pork snack for tea break.«

In China versteht man uns Deutsche eben. Ohne Schweinswurst sind Kaffee oder Tee ja auch undenkbar. Und natürlich essen wir jeden Tag ein halbes Schwein.

Übrigens: »Déguó« ist natürlich Deutschland in Mandarin. Wörtlich übersetzt »Land der Moral«. Wie sexy.

Hausmittel from Hell

Meine Großmutter war wundervoll. Zudem war sie Großmeisterin alter Hausmittelchen – die jedoch ausnahmslos alle obskur waren und in den seltensten Fällen das erwünschte Ergebnis gezeigt haben. Wenn überhaupt eines.

Unvergessen sind Haarkuren mit Olivenöl für glänzendes Haar (ja klar), Wollstrümpfe gegen Mittelohrentzündung (zusätzlich zu Schmerzen auch noch albern aussehen), Franzbranntwein gegen Wachstumsschmerzen (zwar keine Erleichterung, aber wenigstens gutes Raumklima) und mein persönliches Highlight: Desinfektion quasi aller Wunden meiner Kindheit mit Spray gegen Fußpilz (wenn das auch weniger ein Hausmittel als einfache Dusseligkeit war).

Meine Großmutter hätte in China ihren Spaß gehabt.

Gerade im beginnenden Sommer ist Hochsaison für chinesische Hausmittelchen – wobei die meisten erstaunlich gute Resultate bringen.

Wir haben festgestellt, dass es in Schanghai weniger wirkliche echte Jahreszeiten gibt, sondern eher Phasen. In welcher Phase man sich befindet, kann man sehr schön an den Tieren festmachen, die mit ihr einhergehen. Es gibt die Schneckenzeit, dann kommt die Froschzeit, gefolgt von der Mückenzeit und der Zikadenzeit. Im Augenblick ist Mückenzeit.

In Deutschland war um diese Zeit im Jahr die bevorstehende Mückenplage und deren Vorsorge oft ein

Thema in allen Zeitungen. Im Vergleich zu China ist das, als würde sich Dubai um zugefrorene Wasserleitungen sorgen.

Abgesehen davon, dass es hier Moskitos ohne Ende gibt, haben die Landschaftsarchitekten unseres Compounds mehr Wert auf Ästhetik als auf Alltagstauglichkeit gelegt. Die müssen hier ja auch nicht leben.

Wasserstraßen überall und Teiche um jedes Haus sind ja ganz hübsch – aber auch ein Garant für einen apokalyptischen Krieg von Mücke gegen Mensch. Den natürlich die Mücken gewinnen.

Kein Wunder also, dass hier viele erprobte Waffen aus Chinas Hausmittelarsenal zum Einsatz kommen, die schon immer funktioniert haben.

▨ *Die Räucherschnecke:* Als unsere Ayi das erste Mal den schwarzen Kringel angezündet und vor die Tür gestellt hat, habe ich mich noch kurz gefragt, ob das vielleicht für die Geister der Ahnen ist oder wir sie schlecht bezahlen und sie uns die Bude abfackeln will. Funktioniert aber phänomenal. Vor der Tür riecht es jetzt zwar immer, als wäre der Herd explodiert, mückenfrei ist es aber.

▨ *Rosenwasser:* Das Kombipräparat Nr.1 im Sommer sieht aus wie vom Alchemisten gebraut, riecht lecker, kühlt schön die Haut und vertreibt gleichzeitig die Mücken. Ich habe bis heute keine Ahnung, was da alles drin ist, Rosen sicher nicht. Ich vermute aber, es ist auch besser, wenn man es nicht weiß. Wirksam, aber einen »Blauen Engel« bekommt das Zeug sicher nicht. Ich habe mir letztes Jahr aus Versehen etwas davon ins Auge geschmiert – so rote Augen kriegt man nicht mal nach einem Chlorbad. Noch selten habe ich so sehr um mein Augenlicht gebangt wie damals.

Man kriegt das Sommergift hier an jeder Ecke, manche Restaurants stellen es einem im Sommer sogar ungefragt auf den Tisch.

■ *Die weiße Wundercreme:* Was die Räucherschnecke oder das Toxikum nicht vertrieben haben, muss die Wundercreme richten. An dieser Stelle würde ich gerne den Namen nennen, vergesse ihn aber immer zuverlässig zehn Sekunden nach dem Kauf. Auch sie funktioniert jedenfalls irre.

Auch diese Creme wird höchstwahrscheinlich mit angereichertem Uran hergestellt, ist einem aber herzlich egal, wenn man gerade der Nachtsnack eines Moskitoschwarms war. Eine Minute nach dem Auftragen juckt nichts mehr. Über Spätfolgen weiß ich bisher noch nichts zu berichten.

■ *Seirogan:* Ich erinnere mich noch gut an meine erste Lebensmittelvergiftung in China. Ich will mich nicht in Details verlieren, aber es geht einem wirklich nicht gut, und man will sich nur ungern weiter als fünfzig Meter von einer Toilette entfernen. Nach ein paar Tagen hat man zwar hübsch abgenommen, sieht aber leider nicht mehr gesund aus. Jemand sagte mal ganz schön: »Erst hat man Angst, zu sterben, dann hat man Angst, nicht zu sterben.« Jedenfalls ist man wirklich für jede Verbesserung dankbar.

In Hongkong drückte man mir in diesem Zustand leichter Verzweiflung ein paar merkwürdige Pillen in die Hand mit der Aufforderung, ich solle mal sechs oder sieben davon nehmen und über den Tag verteilt so um die zwanzig. Ich bin mit den Erzeugnissen pharmazeutischer Chemie groß geworden, wirkliche

Hemmungen habe ich eigentlich nicht. Trotzdem wird das Vertrauen in die Gutartigkeit der Mitbürger doch ein wenig auf die Probe gestellt, wenn einem wildfremde Menschen merkwürdig riechende Medikamente in die Hand drücken, von denen man keinen blassen Schimmer hat, woraus sie bestehen – und man davon noch hübsch viel nehmen soll. Noch selten hat sich die Devise »Augen zu und durch« jedoch so sehr bewährt wie damals. Es funktioniert so grandios gegen alles, was die Magen-Darm-Motorik beeinträchtigt, dass »Seirogan« einen festen Platz in unserer Hausapotheke bekommen hat. Am besten lässt sich dieses Heilmittel beschreiben als nach Jod riechende, verdächtig nach Kuhmist aussehende, staubige Kügelchen.

■ *Bambusbesen:* Nicht alle Hausmittel sind chemischer Natur. Im Grunde nicht mal wirklich in die Kategorie passend, aber ich fand es so hübsch pragmatisch und dem hiesigen Verständnis von Recycling entsprechend: der Bambusbesen. Zwar kriege ich noch immer einen Koller, wenn der Gärtner mal wieder aus einem prächtigen Bambusstrauch eine Zimmerpflanze geschnitten hat – wenigstens wird aber alles wiederverwertet. Besen sieht man hier viele, es ist sowieso sehr sauber auf den Straßen (und nicht nur in unserem Exoten-Compound). Ein Bündel Bambus um einen Ast gewickelt: voilà!

Vielleicht sollte ich mal einen Onlineshop aufmachen. Arbeitstitel: Hausmittel from Hell.

Sing, Baby

Ich hasse Karaoke. Schon in Deutschland war es nicht gerade meine Lieblingsunternehmung für einen Abend und erst unter Zuhilfenahme immenser Mengen Alkohol überhaupt denkbar. Hier kommt man leider nicht daran vorbei.

Karaoke ist zwar nicht originär chinesisch, aber *der* Bringer überhaupt. Geburtstagsparty, Geschäftsgelage oder einfach nur so zum Spaß – ohne KTV geht nichts. Es steht für »Karaoke TV« und ist im Grunde Betrinken mit Ausrede. In China und insbesondere in großen Städten wie Schanghai. Die Grundausstattung ist schnell umrissen und überall gleich.

Für ein zünftiges KTV-Etablissement braucht man:

■ *Platz:* Viele der KTVs sind einfach nur riesig. Dreihundert Räume in unterschiedlichen Größen sind schon beinahe Standard. Große KTVs sind wie Riesenhotels ohne Betten.

■ *Marmor:* Fucking viel Marmor. Wer *Dallas* und *Denver Clan* kennt oder die Standardbehausung arabischer Scheichs, hat schon eine gute Vorstellung davon, wie sie meistens aussehen. Marmor und Gold. Immer protzig, selten hübsch.

■ *Alkohol:* Im KTV geht es ums Saufen, Singen ist willkommene Nebenbeschäftigung, aber im Grunde egal. Für große Alkoholmarken sind KTVs in China der Heilige Gral, an einem normalen Abend gehen sehr, sehr viele Flaschen über den Tisch. Gläser kann man gar nicht bestellen, eine Flasche ist meist Mindestabnahmemenge. Eine Flasche Whisky im KTV ist in etwa ein Pils bei uns – der Anfang.

◼ *Mädchen:* KTVs gibt es in drei Ausbaustufen:
a) singen,
b) singen plus Begleitung,
c) singen plus »Begleitung«.
Ich kenne nur a) und b), angeblich gibt es jedoch interessante Dienstleistungen in der Kategorie c).

Man hat mir zum Beispiel vom »Flying Helicopter« erzählt – dabei wird eine »Hostess« kopfüber an die Decke gehängt, damit sie fledermaushaft orale Dienstleistungen erbringen kann. Ich habe keinen Schimmer, wie das gehen soll (und vor allem, *was* das soll), aber das ist China. Wirklich wundern tut es mich nicht.

◼ *Eine Mama-San:* Das ist die Hüterin der Mädchen in der Kategorie b) und c). Sie sorgt dafür, dass der Laden läuft. Mama-Sans bekommen einen Teil der Miete für den Raum, Provision für Drinks und Mädchen und verdienen viel, viel Geld. Meine chinesischen Kollegen sprechen von deutlich sechsstelligen Jahresgehältern. In Euro.

Abende im KTV sind in erster Linie eines: kein Spaß und sehr anstrengend. Was es, glaube ich, besonders schwer macht, ist, neben dem Trinken immenser Mengen Alkohol und der verdammten Singerei auch noch so tun zu müssen, als wäre es ein Riesenspaß. Zwei Tage Zahnarzt sind mir lieber als zwei Stunden KTV. Ein subjektiver Erfahrungsbericht.

◼ *Ankommen:* Die KTV-Räume, die ich kenne, sehen alle gleich aus. Als hätte man einem Innendesigner aus den Achtzigerjahren einen großen Scheck in die

Hand gedrückt mit den Worten: »Tob dich aus, aber wehe, es ist nicht plüschig oder aus Gold.«

■ *Ausstatten:* Die Giftauswahl des Abends wird getroffen. Wer Glück hat, bekommt Whisky und Bier. Wer Pech hat, muss den Abend mit chinesischem Wein und Baijiu verbringen. Meistens nehmen sie Rücksicht auf den Laowai (Ausländer) und fragen nach Wünschen, muss aber nicht sein. Wer bezahlt, entscheidet und ordert für alle.

■ *Aufpeppen:* Auswahl der Mädchen. Mama-San bringt ganze Schübe von Mädchen herein und stellt sie vor. Meist stellen sich zehn auf, werden begutachtet, dann kommen die nächsten zehn. So lange, bis jeder Gast seine Begleitung gewählt hat. Nicht aussuchen ist keine Option, wie ich gelernt habe. Die Sache mit dem Gesicht. Die Mädchen sind ausnahmslos jung, schlank bis rappelig und gekleidet wie Teenager auf dem ersten Ball oder farbenblinde Brautjungfern. In den wenigsten Fällen sprechen sie Englisch. Manche tragen ein Schildchen, auf dem »English speaking« zu lesen steht, aber das ist sehr wohlwollend interpretiert.

Ihre Aufgaben und vor allem ihren Sinn habe ich noch immer nicht verstanden. Meistens hat man eine grenzdebile Jungchinesin neben sich sitzen, die einem Zigaretten anzündet (welch Erleichterung), nachschenkt (was sie oft tut, denn sie bekommt Prozente), Obst in den Mund schiebt (auch wenn man Obst offensichtlich hasst) oder Würfelspiele spielt (eine Art »Mäxchen-Spiel«, das immer damit endet, dass ich verliere und trinken muss).

Manchmal fragen sie dezent nach Familienstand, Einkommen und dem generellen Wunsch, in China einzuheiraten – jedoch eigentlich selten.

■ *Austrinken:* Hier wird druckbetankt. Alkohol wird gleich zu Beginn für alle bestellt. Eine der Hostessen verteilt dann die Flasche auf zwanzig bis dreißig Gläschen, damit beim Nachschenken alle die gleiche Dosis bekommen. Angestoßen wird auf ziemlich viel. Auf den Abend. Den Geschäftsabschluss. Angekommen zu sein. Die Freundschaft. Aufs Singenkönnen. Aufs Nichtsingenkönnen. Darauf, dass Mittwoch ist.

An den wenigen Abenden, die ich bisher erlebt habe, gehen etwa drei bis vier Flaschen Whisky für fünf bis sechs Leute drauf. Und das sind wohl die Wenigtrinker.

Manchmal hat man Pech und muss chinesische Erzeugnisse trinken und loben, zum Beispiel den hiesigen Wein. Er kommt in verschiedenen Preiskategorien (200 Euro pro Flasche sind dabei durchaus üblich), ist oft auf die Optik alter Bordeaux-Weine getrimmt (inklusive künstlichem Staub auf der Flasche) und schmeckt ausnahmslos wie Essig, der in alten Schuhen gelagert wurde. Wenn es ein besserer ist.

■ *Absingen:* Es gibt meistens eine riesige Auswahl an unterschiedlichsten Songs samt Video. Wählen kann man fast alles – solange es chinesisch ist. 30 000 Songs sind Standard, als Westler hat man dabei meist die Wahl zwischen Frank Sinatra (sichere Wahl, auch mit zwei Promille und mit einfachem Brummen zu überstehen), Neunzigerjahre-Krachern wie Guns N' Roses oder ein bisschen Rap. Ein Tipp aus Erfahrung: Rap ist eine *schlechte* Wahl, wenn man eh nicht singen kann und betrunken ist.

Chinesen wählen häufig Lieder über Liebe und Leid und singen fast ausnahmslos erstaunlich gut. Nicht singen geht gar nicht – jedoch ist sogar die Leidensfähigkeit betrunkener Chinesen begrenzt: Mehr als einmal musste ich nur sehr selten singen.

■ *Abhauen:* Auf ein mir unbekanntes Signal hin hört auf einmal alles auf. Beleuchtung auf Tageslicht, und die Rechnung kommt. Die es meistens in sich hat: Einfache Cashbox (Kategorie a) kosten 100 bis 300 Yuan die Stunde, geht also noch.

KTVs mit Begleitung kosten aber deutlich mehr. In einer der edleren kostet die Miete etwa 7000 bis 9000 Yuan (700 bis 900 Euro), kann aber auch bis zu 200 000 Yuan kosten. Getränke sind auch nicht billig, zwischen 600 und 48 000 Yuan ist alles dabei. Zudem noch Trinkgelder für alle Beteiligten. Ein lustiger Abend kostet damit schnell mal 600 bis 800 Euro.

Der Drache kommt

Zu kaum einer Zeit ist China erstaunlicher, wuseliger und insgesamt chinesischer, als wenn das chinesische Neujahrsfest vor der Tür steht. Da sich dieses nach dem Mondkalender richtet (wer mal auf Partys Eindruck schinden will: chinesischer Himmelsstamm-Erdzweig-Kalender), findet es jedes Jahr zu einer anderen Zeit statt. Durchdrehen tun sie jedoch jedes Jahr ähnlich.

2012 ist das Jahr des Drachen gewesen. Genauer gesagt des Wasserdrachen. Was nach chinesischer Auffassung ein astronomischer Jackpot war.

Vielversprechend war für Wahrsager 2012 die Kombination des Drachen mit dem sanften Element Wasser, was nur alle sechzig Jahre vorkommt. Das Wasser wird die Aktienmärkte zwar im Fluss halten, soll den Drachen aber beruhigen. Der Wasserdrache gilt als verständnisvoll, diplomatisch, intelligent und weise. Ohne Wasser kann der Mensch nicht leben. Wasser nährt die Natur, lässt Bäume wachsen. Und das Holz schenkt dem Drachen besonderes Glück. So habe ich es gelesen.

Laut der Website der Illustrierten *Stern* sollen »im Wasserdrachenjahr die Ideen fließen, die Kreativität wachsen und die Volkswirtschaften aufblühen, wie Horoskope glauben machen wollen«.

Kurzum: Drachenjahre rocken. Das Jahr 2011 stand im Zeichen des Metall-Hasen und war vergleichsweise zahm. Drachen mit Hasen zu vergleichen ist aber auch schwierig.

Egal welches Tierkreiszeichen kommt, es ist das größte Fest in China und folgt einem strikten Ablauf, den ich wahrscheinlich nie ganz verinnerlichen werde. In jedem Fall laufen die Vorbereitungen auf Hochtouren, und einige Bräuche haben unmittelbaren Einfluss auf unser Leben. Nicht immer freut man sich darüber.

Für alle Firmen (auch internationale wie unsere) sind um diese Zeit »Spring Dinners« obligatorisch. Unseres habe ich dreimal überlebt, und ich bin jedes Mal froh, dann wieder ein Jahr Ruhe zu haben.

Mir fehlen ein wenig die Vergleichswerte, aber eine rasche Umfrage im Freundeskreis bestätigte, dass die Kernelemente immer die gleichen sind:

Phase 1: Früh anfangen und keine Zeit verlieren
»Spring Dinners« sind wie Militäroperationen geplant und getaktet. Um Punkt 18.30 Uhr geht es los, Einzug aller Beteiligten, die Sause startet mit einer Verlosung, die sich durch den Rest des Abends zieht.

Phase 2: Essen. Trinken. Trinken. Trinken. Umfallen.
Meist finden »Spring Dinners« in großen Restaurants statt, die souverän und gewohnt mehrere Hundert volltrunkene und enthemmte Angestellte versorgen und im Griff behalten. Zu großen Anlässen wird eh schon viel getrunken – beim »Spring Dinner« gilt das verschärft. Unter Androhung von Strafe. Jeder Tisch ist eine Gruppe unter Führung eines Teamleaders. Auf unserem Tisch befanden sich neben Unmengen von Essen diverse Flaschen unterschiedlicher Umdrehungszahl. Unter anderem zwei Flaschen Whisky, die bin-

nen drei Stunden geleert werden mussten, wenn man nicht mit einer Disziplinarstrafe belegt werden wollte. Das will man natürlich nicht. Im ersten Jahr musste ich mich auf der Bühne ausziehen und habe ein kleines Trauma davongetragen. Die Zuschauer aber sicher auch.

Phase 3: Geschenke!
Der eigentlich wichtige Teil. Geschenke sind superwichtig – dagegen ist die Tombola auf einer deutschen Geschäftsfeier ziemlich armselig. Das Gesicht der Firma und des Managements stehen auf dem Spiel, man will sich nicht lumpen lassen: Fernseher, Reisen, iPhones, diverse Haushaltsgeräte, Bargeld in Mengen. Ständig bekommt jemand etwas und wird von den Moderatoren des Abends gebührend auf der Bühne geehrt. Das Ganze passiert im Zehn-Minuten-Takt, viele Geschenke müssen verteilt werden.

In China ist man fair – allen, die nichts bekommen haben, wird am nächsten Tag ein Geschenk im Büro ausgehändigt. Soll ja keiner leer ausgehen.

Phase 4: Blamieren und Erniedrigen
»Spring Dinners« sind eine der seltenen Gelegenheiten, ungestraft mal ein bisschen Dampf abzulassen und das Management vorzuführen. Ein liebevolles Attentat. Wie Karneval mit Panzerfaust. Nicht böse gemeint, ist aber für Westler gewöhnungsbedürftig. Mein persönlicher Lernerfolg: Sich zieren macht es nur noch schlimmer. Am besten trinken und Volldampf voraus.

Motto des Jahres des Drachen war: MTV Nights.

Jede Tischgruppe muss ein Musikvideo nachspielen, in möglichst authentischen (oder zumindest blamablen) Outfits. Leider war meine Gruppe von einer Interpretation von Lady Gagas »Telephone« nicht abzubringen. Mit mir als Lady Gaga.

Erstaunlich, wie viele Hemmungen man in China ablegen kann. Trotzdem wird halb nacktes Herumtanzen in BH und blonder Perücke wohl kein dauerhaftes Hobby von mir sein. Dankenswerterweise bin ich nicht der Einzige, viele meiner Kollegen hat ein ähnliches Schicksal ereilt – Lady Gaga ist hier ganz groß.

Phase 5: Fertigmachen
Wenn das Management angezählt ist, wird es Zeit für den K. o. In unserem Fall hieß das Sekunden-Shots. Man öffnet den Mund, und jemand gießt einem Hochprozentiges in den Schlund. Mehrere Male. Das Publikum entscheidet über die Anzahl der Sekunden. Zehn Sekunden Whisky sind verblüffend viel.

Phase 6: Abhauen
Wenn alle beschenkt und sternhagelvoll sind, hört alles fast schlagartig auf. Um Punkt 22.30 Uhr gehen die Lichter an, und *alle* gehen sofort nach Hause. So man das denn Gehen nennen kann.

Meetings, Workshops, Fisch

Einer der interessantesten Aspekte meines Berufs ist, mich ständig mit neuen Themen zu befassen: Wie eine Milchpulvermarke das Vertrauen von Müttern zurückgewinnt. Wie eine Versicherung weniger austauschbar wird. Wie man kleine Autos an Menschen mit großem Ego verkauft.

Kürzlich kam zu dieser Liste die Frage hinzu: »Wie man das größte Sportereignis Chinas zu Werbezwecken nutzt.« Unser Auftraggeber: ein chinesischer Sportbekleidungshersteller. Wie so oft in China hatte ich den Namen der Firma zuvor noch nie gehört, nur um dann festzustellen, dass sie mehr als 7000 Outlets betreiben und mehrere Milliarden Euro Umsatz machen. Ein Riesenladen. Im Verlauf dieses eigentlich überschaubaren Projekts, sollten sich alle Dinge zusammenrotten, die ich in Deutschland schon nicht besonders mochte, in China regelmäßig dafür sorgen, mich auf eine sehr einsame Insel mit sehr großen Hängematten zu wünschen.

Auftakt ist das Briefing per Telefonkonferenz. Ich *hasse* Telefonkonferenzen. Wer als Erstes auf die Idee kam, mehrere Erwachsene dazu zu bringen, sich um ein quakendes Telefon zu versammeln, um in gebückter Haltung Platitüden von sich zu geben, ist nicht verbrieft. Sollte ich ihn je treffen, lange ich ihm eine. In China gibt es kaum einen Tag, an dem nicht ein »Conf Call« auf dem Programm steht.

Die meisten Chinesen, mit denen ich arbeite, sind sehr gute, oft im Ausland ausgebildete Akademiker, die alle Englisch sprechen. Glauben sie zumindest. Schon von Angesicht zu Angesicht sind sie oft nur sehr schwer zu verstehen. Fünf Chinesen, die in einem riesenhaften Konferenzraum gleichzeitig in ein sehr kleines Telefon sprechen, sind eine echte Herausforderung. Gleichzeitig scheine ich der Einzige zu sein, der dieses Problem hat. Alle scheinen sich zu verstehen, ich bin ratloser als zuvor.

Ein Kollege von mir führt von unserer Seite das Gespräch, ich muss also eigentlich nur zuhören. Es verläuft, wie so viele andere Telefonkonferenzen auch:

»Wah Qua Lamp Grop Qua Lo Lo Lo. Right?«

»Oh yes, absolutely, that is of utter importance.«

»Schrop Da Quaddel Murk Fomp Event.«

»Hm, we would have to see if that is feasible.«

»Quork Drobbel Budget Drobbel Doo Da!«

»Fantastic, that allows us to leverage the sponsoring.«

»Drup Loddel Lat Komp Bahanama.«

»Wonderful, thank you. See you next Friday then.«

Ich habe mal wieder kein Wort verstanden. Augenscheinlich möchte der Kunde aber so bald wie möglich einen Workshop veranstalten, um gemeinsam den Marketingplan für die National Games zu entwickeln, einer Art chinesischer Olympiade. Sie waren begeistert von meinem Imput im Conf Call (obwohl ich außer »Hello« und »Thanks« kein Wort gesagt habe) und bestehen darauf, dass ich den Workshop leite und moderiere. Als einziger Nichtchinese, der zudem kein Mandarin spricht. Bravo.

Ich habe Workshops schon in Deutschland nicht wirklich gemocht. Man redet sich als Moderator acht bis zehn Stunden lang den Mund fusselig und versucht, eine riesenhafte Gruppe mindermotivierter Zwangsteilnehmer dazu zu bringen, gemeinsam etwas Sinnvolles zu erarbeiten. In China sind Workshops auf einer Spaßebene mit Darmspiegelungen und Schulmusicals.

Ich fliege mit Richard, meinem Freund, Nachbarn und Chef, nach Xiamen, um mich dort mit dem Vice President der Sportfirma und seinem Marketingteam zu treffen und den Workshop zu organisieren. Xiamen ist ein wirklich nettes Küstenstädtchen in der Fujian-Provinz im Südosten Chinas, direkt am Meer gelegen. Wobei »Städtchen« die chinesische Lesart ist, Xiamen hat knappe zwei Millionen Einwohner.

Wir landen um zehn Uhr abends und werden von einem kleinen Komitee begrüßt, das uns zum Meeting in der Firmenzentrale chauffiert. Die Besprechung ist für Mitternacht anberaumt, ich habe fast nichts anderes erwartet. Der Vice President entpuppt sich als außergewöhnlich netter und kompetenter Spitzenmanager mit beeindruckendem Lebenslauf und der Energie eines sehr entschlossenen Duracell-Häschens. Er und sein Team haben schon mal mit der Besprechung begonnen und dabei eine Flasche Whisky gekillt. Zudem rauchen sie alle als gäbe es kein Morgen, ich kann die Fenster des monströs großen Chefbüros durch den Nebel nicht ausmachen. Eine Horde kettenrauchender Whiskytrinker würde man bei Nike oder Adidas sicher nicht erwarten, hier sieht die Sportbranche das Thema Sport nicht ganz so eng. Zudem sind sie selbst für chinesische Verhältnisse unglaublich pragmatisch, wir sind nach einer knappen Stunde mit allen Punkten durch, und alle sind in freudiger Erwartung des morgigen Workshops. Ich habe eher gemischte Gefühle.

Das Meeting beginnt um neun Uhr am nächsten Morgen mit einer kurzen Ansprache des Vice Presidents. Im Raum haben sich etwa zwanzig Teilnehmer unterschiedlichen Euphoriegrads versammelt, alle mussten sich in Sportjacken der aktuellen Kollektion kleiden. Die Farben der Saison sind Türkis, Orange, Himmelblau und Grellgelb. Es sieht aus, als hätte jemand eine Nylongranate in einem Regenbogen gezündet. Man hat mir einen Adjutanten und Übersetzer zur Seite gestellt, der leider etwas phlegmatisch ist und so gut wie kein Englisch spricht. Ich beginne mit einer kurzen Einführung zu Zielen des Workshops, Ablauf und einer kleinen Zusammenfassung der bisherigen Marketingaktivitäten, um alle auf einen Kenntnisstand zu bringen. Nach zehn Minuten hat die Hälfte der Teilnehmer den Raum verlassen, um eine Zigarette zu rauchen.

Um alle ein wenig in Fahrt zu bringen, beginne ich mit einer leichten Gruppenaufgabe, für die wir fünfzehn Minuten veranschlagt hatten. Mein Fehler, ich weiß ja mittlerweile, wie gerne Chinesen vor einer Gruppe ihre Meinung äußern. Genauso gut hätte ich deutsche Ingenieure bitten können, ihren schönsten Salsa vorzutanzen. Ich breche nach einer dreiviertel Stunde ab, schwer zu sagen wer erleichterter ist, die Gruppe oder ich.

Im zweiten Teil des Workshops geht es nun an Arbeit in kleinen Gruppen. Innerhalb eines festgelegten Rasters sollen sie Werbemaßnahmen rund um die National Games entwickeln. Auf einmal kommt Leben in die Bude, alle begeben sich begeistert und euphorisch an die Arbeit. Sie diskutieren lautstark, rauchen wie Hafenmatrosen und füllen Seiten an Flipcharts.

Manchmal haben sie Fragen an mich, die weder ich noch mein Übersetzer wirklich verstehen. Ich weiß bis heute nicht, ob ich wirklich helfen konnte, wir haben jedoch alle viel gelacht.

Zum Abschluss präsentiert jede Gruppe ihre Ergebnisse. Mein Übersetzer und ich haben in stiller Übereinkunft beschlossen, nur Kernpunkte zu übersetzen. Er gibt mir eine kurze Zusammenfassung der Resultate. Dabei ist diese erstaunlich kurz, einen halbstündigen Vortrag auf Chinesisch verkürzt er auf zwei, drei Sätze. Das, was ich verstehe, ergibt wenig Sinn, aber alle sind sehr zufrieden mit dem Workshop, der Vice President strahlt, die Meetingteilnehmer verabschieden sich zum gemeinsamen Dinner. Richard und ich werden zur Feier des Tages in das beste Fischrestaurant der Stadt eingeladen.

Bei »Fischrestaurant« denkt man in Europa unweigerlich an kleine, charmante Lokale mit entspannter Atmosphäre und einer Auswahl fangfrischer Fische. In China muss es ein Tacken mehr sein – ich habe schon kleinere Grandhotels gesehen. In der Empfangshalle allein harren etwa tausend Fische in unfassbar großen Aquarien ihres drohenden Schicksals im Topf. Auf vier Etagen gibt es auf Riesengängen Separees unterschiedlicher Größe, die alle eines gemeinsam haben: Prunk. Der Raum, in den man uns führt, sieht aus, als hätte Ludwig XIV. Innenarchitekten im Plüschrausch unbegrenzte Mittel zur Verfügung gestellt. Neben dem Tisch, an dem locker das Parlament Norwegens Platz finden würde, steht eine Sofagruppe, die jedem Ölscheich noch beibringen könnte, was Goldverzierung heißt. Dazu laufen die Nachrichten auf dem größten Fernseher, den man in Südchina auftreiben konnte.

Natürlich gibt es Alkohol in rauen Mengen, wir fangen mit Whisky und Bier an. Nachdem wir unzählige Male auf den erfolgreichen Tag angestoßen haben, geht es zum Essen. Unser Gastgeber, der Vice President, ist ein wirklich charmanter und netter Gesprächspartner und ist etwas besorgt, ob ich als Laowai auch wirklich alles essen würde. Ich beruhige ihn, mittlerweile weiß ich, dass es kein großer Fauxpas ist, nicht zu essen, was ich nicht essen möchte. Und: Alles ist wirklich köstlich. Frischester Fisch in verschiedensten Variationen mit einem Aufwand angerichtet, der selbst für China viel ist: kleine Sushi-Städte, Irrgärten aus Seetang und Gurke, XXL-Fische auf Podesten, die von zwei Kellnern getragen werden müssen. Eine der größten Sorgen aller Westler, die nach China kommen, ist es ja, absurde Dinge essen zu müssen. Nicht wirklich begründet finde ich, wenn man versucht, ein wenig offen zu sein. Wobei ich gestehen muss, dass ich Seegurken noch immer widerlich finde und die lokale Spezialität, Seewurm in Aspik, sicher nicht meine Lieblingsspeise wird.

Nach dem Essen wird Obst in Großmarktmengen gereicht und natürlich: Baijiu. Der weiße Schnaps, der in Deutschland todsicher unter das Betäubungsmittelgesetz fallen würde – der Rest des Abends ist ein wenig verschwommen. Ich weiß nur, dass ich Workshops immer hassen werde, der Pragmatismus und die Freundlichkeit vieler Chinesen aber einfach einmalig sind. Danke, Vice President, für eine fantastische Erfahrung.

Oh, Hangzhou

Seit wir in Schanghai leben, haben wir vor, mal Hangzhou zu besuchen. Nach Ansicht der meisten Chinesen ist Hangzhou die mit Abstand schönste Stadt Chinas, wenn nicht der Welt (meist sind die Befürworter dieser Meinung aber nie über die Stadtgrenzen Schanghais hinausgekommen). Ein chinesisches Sprichwort besagt: »Oben ist der Himmel, unten ist Hangzhou.« – man findet die Stadt hier *wirklich* toll. Hinzu kommt, dass man mit dem Hochgeschwindigkeitszug in vierzig Minuten dort ist und dieser von Hongqiao aus losfährt, einen Steinwurf von unserem Haus entfernt. Wenn man mal drüber nachdenkt, brauchen wir länger zum Flughafen in Schanghai als in die Innenstadt von Hangzhou. Wir haben also eigentlich keine Ausrede, aber bisher nie die Reise dorthin angetreten, einfach weil wir mittlerweile schon wissen was passiert, wenn Chinesen einen Ort besonders schön finden: Sie fahren alle hin.

Gerade zu den beiden großen Feiertagswochen im Herbst und zum chinesischen Neujahrsfest lässt Hangzhou Mekka wie menschenleer erscheinen, jedes Jahr drängen sich zwanzig Millionen Besucher an den Westlake – dabei hat Hangzhou allein schon neun Millionen Einwohner. Es ist dort häufig sehr kuschelig.

Kürzlich ergab sich dann aber doch endlich mal die Möglichkeit, unter der Woche einen Haken an eine der Touristenattraktionen zu machen: Meine Firma veranstaltet einen Managementworkshop in Hangzhou. Offizieller Grund ist: »Der Geschäftsführung die Möglichkeit zu geben, ungestört vom Tagesgeschäft fokussiert Entscheidungen treffen zu können.« Meine Kollegen wollen einfach mal raus – aber das ist wohl weltweit ähnlich. Netterweise darf ich meine Frau mitnehmen, sie ist ohnehin schon so etwas wie ein Ehrenmitarbeiter und wird bei fast allen Veranstaltungen schon gleich mit eingeplant, also freuen wir uns auf ein verlängertes Wochenende bei nettem Wetter am hoffentlich netten See.

Beim Weg vom Flughafen ins Hotel fällt einem als Erstes auf, wie unfassbar viele Hotels es gibt. Aber wahrscheinlich braucht man die auch, wenn jedes Jahr ein Viertel der Bevölkerung Deutschlands in die Stadt einfällt. Unser Hotel ist das moderne und sehr schicke Xixuan-Hotelresort. Es ist erwartungsgemäß riesenhaft und brandneu. So neu, dass unsere kleine Delegation von zwanzig Mann die einzigen Gäste sind – Platz am Pool wird schon mal kein Problem.

Am ersten Tag werden wir nach der ersten Arbeitsrunde (die, wie erwartet, mit Arbeit nicht viel zu tun hatte) in einen Bus verfrachtet, der uns zum Ort des »Meditativen Individual-Brainstormings« bringen soll. Manchmal glaube ich ja, dass meine Kollegen von der PR-&-Event-Abteilung heimlich Haschkekse naschen – oder sie haben eine völlig neue Ebene der Ironie erreicht.

Der Ort der Meditation ist der Xixi-Wetland-Park, ein Sumpfgebiet von über tausend Hektar, in dessen Mitte sich die Überreste eines alten Tempels befinden. Hübsch ist es ja wirklich, aber ich bin etwas skeptisch ob es der Meditation zuträglich ist, im Mai bei 35 Grad von zehn Millionen Quadratmetern Sumpfwasser umgeben zu sein, schließlich ist unser kleiner Teich in Schanghai schon in der Lage, Mückenpopulationen biblischer Dimension hervorzubringen. Wir werden sehen. Generell machen sich auch bei meinen Kollegen erste Zweifel am Organisationstalent unseres Planungsstabs breit: Um den Teamgeist zu stärken, hatte jeder von uns einheitliche Kleidung bekommen, eigens für das Meeting produziert – jetzt stehen zwanzig Menschen in der glühend heißen Mittagssonne Südchinas in extradicken schwarzen Poloshirts auf einem Parkplatz rum und warten auf einen Bus. Aber vielleicht haben die Finnen ja recht und schwitzen dient der Geselligkeit.

Der Weg zur Tempelanlage führt durch eine wirklich hübsche Grünlandschaft, nach einer Viertelstunde Spaziergang erreichen wir eine Anlegestelle für hiesige Boote, die uns zu unserer Meditationsstelle schippern sollen, der Tempel liegt auf einer Insel. Die Stimmung ist heiter und ausgelassen, was auch maßgeblich an meinen Kollegen aus England liegt, die in ihrem Leben, glaube ich, noch nie irgendetwas ernst genommen haben und zudem wohl beschlossen hatten, Alkohol zum Frühstück nicht zu verteufeln. Wir erfinden gemeinsam ein Spiel, bei dem es darum geht, möglichst viele chinesische Touristen dazu zu bewegen, uns zuzuwinken. Ich gewinne haushoch mit 239 und bin mal wieder von der Freundlichkeit der Chinesen begeistert. Jetzt kann ich diese Freundlichkeit sogar quantifizieren.

Auf dem Boot fällt uns irgendwann auf, dass etwas nicht stimmt. Es gibt keine Mücken. Nicht eine. Ich bin ja kein Experte, aber wenn ich in unserem Haus in der gleichen Region, zur gleichen Jahreszeit im Garten von Moskitos massakriert werde, weil wir einen kleinen Teich im Garten haben, sollte ich in einer Seenlandschaft, die so groß ist wie tausend Fußballfelder, zumindest mal ein leises Surren hören. Was sie getan haben, um diese Wetlands mückenfrei zu halten, möchte ich, glaube ich, gar nicht wissen.

Der Tempel an sich ist sehr hübsch und wirklich idyllisch. Ich ertappe zwei meiner Kollegen bei einem sehr entspannten Mittagsschläfchen und atme ein paarmal tief durch. Meine Lungen haben ein bisschen Sauerstoff verdient, bevor sie wieder in Schanghai Schwerstarbeit verrichten müssen.

Den Abend verbringen wir in einem der berühmtesten Restaurants Hangzhous, Lou Wai Lou. Man rühmt sich einer über hundertjährigen Geschichte, und das etwas verwinkelte, trotzdem verblüffend große Gasthaus ist mit Fotos Hunderter chinesischer Berühmtheiten verziert. Mao scheint gerne hier eingekehrt zu sein, ihn entdecke ich ganze vierzehn Mal. Meine chinesischen Kollegen sind völlig aus dem Häuschen in Erwartung der Köstlichkeiten und bestellen, als würde die UNO-Vollversammlung noch zum Essen vorbeikommen. Auch nach geraumer Zeit in China habe ich zwar meine Lieblinge, aber wohl noch immer nicht die Feinheiten der lokalen Küchen zu schätzen gelernt – alles ist wirklich lecker, aber auch sehr unspektakulär. So oder so ähnlich habe ich schon Hunderte Mal gegessen. Ich will niemandem den Abend verderben oder das Gesicht verlieren lassen, also lobe ich die Fischklößchen und täusche einen Entzückungsanfall vor, als die Shrimps serviert werden.

Viel interessanter ist eigentlich die Geschichte, die mir meine Kollegen erzählen: Lou Wai Lou heißt so viel wie »Turm hinter dem Turm« und tatsächlich, man sieht vom Restaurant auf eines der Wahrzeichen der Stadt: die Pagode der sechs Harmonien. Einer meiner Kollegen ist bewandert in chinesischer Mythologie und versucht, mir die Legende der weißen Schlange zu erzählen. Ich habe nur die Hälfte wirklich verstanden und ausnahmsweise lag das nicht am schlechten Englisch. In der Geschichte, die er mir erzählt, kommen sich in Frauen verwandelnde Schlangen, Teigbällchen der Unsterblichkeit und eifersüchtige Schildkröten vor und die Geschichte beginnt damit, dass sich der Protagonist in den See übergibt. Soll noch mal einer sagen, dass griechische Heldensagen einfallsreich wären. Jedenfalls ist die Pagode ein wirklich wichtiges chinesisches Kulturgut. Hübsch anzusehen ist sie außerdem.

Am nächsten Tag steht eine Art Schnitzeljagd durch die Stadt auf dem Programm. Verblüffend, dass teambildende Maßnahmen auf der ganzen Welt dem gleichen Muster zu folgen scheinen. Es gab mir jedenfalls Gelegenheit, mal ein bisschen was von der eigentlichem Hauptattraktion Hangzhous zu sehen: dem See. Genauer gesagt, dem Westsee. Warum der eigentlich Westsee heißt, wenn er im östlichsten Teil Chinas liegt, vermag ich zwar nicht zu sagen, aber auch seine Entstehung ist eine charmante Legende: Angeblich haben sich ein Phönix und ein Drache um eine Perle gestritten und sie dabei aus Versehen auf die Erde fallen lassen – und damit den Westsee erschaffen. Jedenfalls ist der Westsee so bekannt und so beliebt, dass man ihn in China allein 36-mal kopiert hat. Der See ist tatsächlich ganz nett anzusehen, aber für jeden Europäer keine wirkliche Augenweide – jeder Schweizer

See stellt ihn locker in den Schatten. Zudem hat er eine durchschnittliche Wassertiefe von anderthalb Metern, was ihn noch ein wenig unbeeindruckender macht und seine generelle Brackigkeit erklären würde.

Den Abschluss unseres kleinen Managementmeetings bildet ein spontanes Gelage an der Hotelbar, da unsere Firma augenscheinlich ein Getränkekontingent ausgehandelt hatte, das wir noch nicht vollständig ausgenutzt haben. Man kann Wein ja schlecht verkommen lassen. Dementsprechend schwammig fühlt sich mein Kopf am nächsten Tag an, als wir uns gemeinsam auf den Weg zum Bahnhof machen, um den Bullet Train nach Schanghai zu nehmen.

Klaustrophikern ist China generell nur bedingt zu empfehlen, es wird manchmal doch schon etwas, sagen wir, eng. Ich leide nicht wirklich unter Platzangst, habe bei immensen Menschenmassen aber ein etwas flaues Gefühl im Bauch, daher vermeide ich auch zum Beispiel die Rushhour am People's Square oder Sonntagsspaziergänge am Bund. Dementsprechend begeistert war ich, als ich am Bahnhof feststellte, dass alle Besucher Hangzhous an diesem Tag, also eine gefühlte Viertelmillion Menschen, in unseren Zug wollten. Eine Menschentraube, gegen die das Oktoberfest wie ein Eremitenkonvent aussieht. Auf einem riesenhaften Display wird die Abfahrtzeit samt Countdown angezeigt, diesem nach haben wir alle vier Minuten Zeit, um einzusteigen. Als würde man versuchen, die Teilnehmer des Rosenmontagszugs in Köln in einen VW Käfer zu quetschen. Binnen weniger Minuten.

Nachdem ich mich also innerlich von dem Gedanken verabschiedet hatte, die Nacht im eigenen Bett zu verbringen, setzt sich die Menschenmasse in Bewegung und siehe da: Es klappt. Ich kann gar nicht in Worte fassen, wie schnell, diszipliniert und beinahe geräuschlos auf einmal ein ganzer Bahnsteig voller Menschen im Zug Platz genommen hat. Mal wieder typisch China: Fünf Menschen können sich ohne Schlägerei nicht an einer Supermarktkasse anstellen, aber wenn sie Zehntausende in einen engen Zug quetschen wollen, geht das in Sekundenschnelle. Wahnsinn. Ich wünschte mir inständig für meine in Deutschland zurückgebliebenen Freunde, die Deutsche Bahn würde auch nur ein Bruchteil dessen schaffen. Ein weiterer Punkt, von dem die Bahn in Deutschland noch lernen könnte: Der Zug ist der Wahnsinn. Wir haben die Luxusklasse gebucht und nehmen in Liegesesseln Platz, gegen die selbst die First Class von Lufthansa ein wenig abstinkt. Das ganze für umgerechnet 30 Euro.

Ich bin mir nicht sicher, ob ich so schnell noch mal nach Hangzhou muss, aber eines steht fest: Ich werde mit dem Zug dorthin fahren.

Warum ausgerechnet Haustiere?

Als meine Frau und ich zusammengezogen sind, ist uns das erste Mal bewusst geworden, was uns vorher nie so ganz klar war: Wir haben ein Tierproblem. Ich hatte, seit ich denken kann, eigentlich immer Hunde um mich, meine Frau ist mit Katzen groß geworden. Was dazu führte, dass als wir uns das Ehegelübde gegeben haben, dies auch gleichzeitig ein Zusammenschluss von Hunden und Katzen gab. Im Gegensatz zu uns würden unsere Haustiere das nicht als Liebesheirat bezeichnen, sie versuchen sich seitdem jeden Tag umzubringen. Als wir nach Schanghai zogen galt es also, drei Hunde und zwei Katzen ins Reich der Mitte zu befördern. Was übrigens problemloser war, als ich es vermutet hatte. Allerdings auch deutlich teurer. Wir haben einen deutlich fünfstelligen Eurobetrag dafür bezahlt, um unsere Tiere mitzunehmen, weil wir dachten, wir halten es wie die Armee: »Keiner bleibt zurück.« Ich warte bis heute vergeblich auf ein auch nur kleines Zeichen der Dankbarkeit von unseren Tieren. Vielleicht ein Bild mit Pfotenfarbe, aber die Hoffnung schwindet täglich.

In Deutschland denkt man bei China ja meist als Erstes an das Sprichwort, dass sie alles essen, was Beine hat und kein Stuhl ist, fliegt und kein Flugzeug ist und schwimmt und kein Schiff ist. Angesichts von Straßenhändlern, die einem Schildkröten an der Ampel vertickern und Straßenständen, deren hauptsächliche

Fleischbeschaffung in einem Hinterhof mit einem Knüppel geschieht, auch nicht ganz abwegig. Dennoch.

Ich habe noch selten so viele Hunde- und Katzenbesitzer gesehen, die so vernarrt in ihre Tiere sind. Teils mit bedenklichen Auswüchsen. Bei Hunden gibt es hier echte Rassefavoriten, wichtigstes Merkmal ist, dass sie klein und flauschig sind und putzig in Mäntelchen aussehen. Schäferhunde und Dobermänner habe ich hier demzufolge auch noch nie gesehen. Wenn es regnet, sieht man an fast jeder Ecke mindestens einen Chinesen, der mit seinem Hund in Jäckchen und Schühchen Gassi geht. Ich persönlich finde Schühchen und Jäckchen an der Grenze zur Tierquälerei, aber wenn man die Alternative Kochtopf bedenkt, können sich die meisten Pudel Schanghais wohl glücklich schätzen.

Was mir dabei besonders auffällt: Sie sind *alle* gut erzogen. Unfassbar gut erzogen. Fast alle chinesischen Hundebesitzer brauchen auch an einer fünfspurigen Straße keine Leine, die Hunde laufen ein wenig durch die Gegend, schnüffeln, entfernen sich aber nie mehr als fünf Meter von Herrchen oder Frauchen. Beeindruckend. Wir selbst waren in Sachen Hundeerziehung nicht ganz so erfolgreich: Unsere drei Hunde sind eher wie eine sehr niedliche (und harmlose) Neu-Köllner Straßengang, die gerne ganze Sofas für sich in Beschlag nimmt und Kommandos eher indifferent gegenübersteht. Vollständig verwöhnte und nutzlose Bratzen. Wir haben alle drei aus dem Tierheim, beziehungsweise Tötungsstationen in Spanien und Ungarn geholt, unsere Hunde sind alle als Straßenhunde groß geworden, gehen aber mittlerweile schon bei Nieselregen nicht mehr raus. Ich sehe schwarz für unsere Erziehung, sollten wir mal Kinder bekommen. Dabei wird mir jedes Mal, wenn die Ayi da ist, noch viel deutlicher bewusst, dass es mein Problem und nicht ihres ist (was es ja immer ist) – unsere Ayi kann zwar keinen der Namen richtig aussprechen, trotzdem gehorchen die Tiere wie im Zirkus. Ich muss sie mal unauffällig beobachten. Entweder hat sie heimlich die Halsbänder mit Stromschockern versehen oder führt ständig eine Ration Leberwurst mit sich.

Ein wenig schwerer gestaltet sich die Sache in Schanghai mit Tierärzten. Zwar müsste es mittlerweile Millionen Haustiere geben, das Angebot an Veterinärpraxen ist aber so rar wie weit hinter Flensburg. Wir haben unsere Tierärzte nach Kompetenz und Preis segmentiert – eine zauberhaft liebevolle Kleintierpraxis für Checks und Impfungen, eine größere Westpraxis für Blessuren und Krankheiten. Dabei geht es Tieren in Schanghai wie anderen Expats auch: Man sollte nie etwas wirklich Ernsthaftes bekommen, es gibt nicht viele Therapiemöglichkeiten. Als einer unserer Hunde eine etwas kompliziertere Diagnose nötig machte, fragte uns unser Tierarzt, ob wir nicht zufällig einen Arzt samt Kernspintomografen im Freundeskreis hätten, so könne er leider nichts sehen. Noch selten hatte ich einen Tierarzt, der gleichermaßen zauberhaft wie hilflos war.

Sei es wie es sei, China ist auf dem Weg zum tiervernarrten Land. Ich hoffe, dass das zugunsten aller Tiere hier sehr schnell geht.

TEIL 4

»ZURÜCKGEHEN WIRD SCHWIERIG«

Wunderlich

Arroganz ist mir nicht fremd. Bevor wir nach Schanghai kamen, hatten mir Kollegen Schauermärchen vom Arbeitsaufkommen und der Hektik der Stadt erzählt – damals hatte ich das als das Klischee und Geschwätz von Weicheiern abgetan. Stimmt aber tatsächlich. Wer nicht abwarten kann, älter zu werden, sollte ein Leben hier in Erwägung ziehen. Zeitraffer.

Hinzu kommen ungesunder Lebenswandel, Luftverschmutzung und Lärm. Und natürlich der sporadische Adrenalinschub, wenn man mal wieder nur knapp dem Bus entkommen ist (ich glaube ja mittlerweile, dass Busfahrer eine Roadkillprämie bekommen).

Alles schneller, alles ungesünder, dafür lustiger. Zehn Jahre Schanghai kommen einem wahrscheinlich vor wie zwei, dafür altert man zwanzig Jahre.

Was erklären würde, dass wir hier sonderbar werden. Entweder eine besondere Form des Kulturschocks oder Frühzeichen von Demenz. Wir haben hier Verhaltensweisen an den Tag gelegt, die wirklich wunderlich sind.

Hamsterkäufe

Einkaufen finde ich nicht tragisch. Manchmal macht
es sogar Spaß und wirkt entspannend. In Deutschland
zumindest. Einkaufen bei Carrefour am Samstag ist so
entspannend wie Spazierengehen auf dem Frankfurter
Kreuz. Vielleicht spielt das eine Rolle, warum wir hier
einkaufen, als würden morgen die Russen kommen.
Unser Haus ist für zwei Personen sehr groß. Trotzdem
eigentlich noch lange kein Grund, jeden Flecken Stau-
raum mit Nahrungsmitteln, Konserven und Droge-
rieartikeln zu befüllen. Schon die letzten Wochen fiel
uns auf, dass wir in Sachen Vorratshaltung den Verstand verloren haben.

Wir haben zwei Kühlschränke, aber nie Platz. Das
Gefrierfach einräumen ist wie »Tetris« spielen. Konserven horten, als gäbe es kein Morgen (absurderweise
scheinen wir eine ausgeprägte Vorliebe für Thunfisch
und Oliven entwickelt zu haben). Bestellungen von
Getränken kalkulieren wir nicht in Dosen, sondern
Paletten. Selbst Großkantinen haben ein wahrscheinlich kleineres Gewürzsortiment.

Dabei haben meine Frau und ich, zudem unabhän-
gig voneinander, ganz eigene Spleens entwickelt. Meine
eigentlich hochintelligente Frau ist nicht mehr zurech-
nungsfähig, wenn es ums Einfrieren geht; ich könnte
mit meinen Leuchtmittelvorräten kleinere Länder locker illuminieren.

Alltagsneurosen

Mir tun Menschen, die von Zwangshandlungen bestimmt sind, wirklich leid, und ich stelle es mir ganz furchtbar vor – kann es aber mittlerweile nachvollziehen.

■ *Ticks:* Ich kann das Haus nicht verlassen, ohne sicherzustellen, dass wirklich *alles* abgeschlossen und vor allem ausbruchsicher für Hunde und Katzen ist. Mag daran liegen, dass ein unbeaufsichtigter Hundeausflug hier wirklich Konsequenzen hat, oder daran, dass ich keine sportlich-elegante Figur abgegeben habe bei der nächtlichen Evakuierung einer der Katzen vom Hausdach – man muss trotzdem nicht mehrmals das Türschloss prüfen.

■ *Spontane Tobsuchtsanfälle:* Ich hatte mich noch nie lustig gemacht über Menschen mit dem Tourettesyndrom – hier fühle ich mich sogar solidarisch. Was ich den Wahnsinnigen auf ihren lautlosen Elektrorollern schon hinterhergebrüllt habe, würde auch bei RTL nachts um drei nicht ohne viel »Piep« gesendet werden.

■ *Nahrungsmittelparanoia:* Ich habe es schon mehrfach erwähnt, hier wird viel gefälscht. Manchmal schlägt das aber mittlerweile ein wenig ins Wahnhafte um. Sobald etwas westlich daherkommt, aber rein chinesisch ist, bekommt das Wort Misstrauen eine völlig neue Bedeutung. Lieber trinke ich wässrigen Kaffee, als chinesische Milch reinzukippen.

Ignorieren der eigenen Sterblichkeit

Vermutlich ist das Leben hier sonst auch nicht möglich, aber manchmal frage ich mich schon, ob wir manches nicht zu sehr verharmlosen.

Im Taxi registriere ich den nahenden Tod eigentlich nur noch, wenn er wirklich fast nicht mehr vermeidbar ist. Fünfzig Zentimeter Sicherheitsabstand zum Vordermann sind auf der Autobahn selbst in China eigentlich zu wenig, nötigt mir hier aber nicht mal mehr ein Schulterzucken ab.

Qualitätssicherung steht hier auf der Prioritätenliste nicht sehr weit oben. Offene Starkstromleitungen im Garten werden ehrlicherweise aber auch mit einem Tesaband nur wenig sicherer, und dass die Hunde beim Durchwaten einer Pfütze Elektroschocks durch eine schlecht isolierte Straßenbeleuchtung bekommen, hätte uns in Deutschland auf die Barrikaden gehen lassen. Hier regiert Fatalismus.

Memo an mich: öfter mal die Zeit anhalten, mehr bloggen und das Haus mit ungeprüftem Türschloss, dafür mit Isolierband, verlassen.

Lästernde Gourmets

Ich kann es nicht oft genug sagen: Essen gehen in Schanghai ist ein Pluspunkt, der einen jede Spuckerei und postapokalyptische Stadtarchitektur sofort vergessen lässt. Wir gehen mehrmals die Woche essen, einfach weil es oft leichter, abwechslungsreicher und vor allem billiger ist, als selbst zu kochen.

Selten und eher zu besonderen Anlässen gönnen wir uns dabei »Fine Dining« – außergewöhnliches Essen in schickem Ambiente.

Sterneküche ist in Schanghai eher unterrepräsentiert, derzeit gibt es nicht mal einen Michelin-Guide für China. In erster Linie liegt das daran, dass man Angst hat, zu europäische Maßstäbe an eine nichteuropäische Küche zu legen und damit fünftausend Jahre Esskultur zu schmähen. Und wer hat schon gerne mehr als eine Milliarde Feinde!

Trotzdem gibt es natürlich Toprestaurants mit sternegekrönten Küchenchefs. Was die, die wir bisher ausprobieren durften, gemeinsam haben, ist: Sie sind meistens verblüffend schlecht, dafür sind sie richtig schön teuer.

Bis auf wenige Ausnahmen (Stiller's, yeah!) fühlt man sich nach der Rechnung, als hätte einem ein Imbissbudenbesitzer eine Currywurst ins Gesicht geschmiert und würde dann Geld für den Ketchupverlust verlangen.

Seit Jahren schon leben wir in Sachen Restaurantbesuche daher nach der eigentlich simplen Regel:

Teuer, dafür wirklich außergewöhnlich gut – huldigen. Teuer, dafür schlechter als selbst kochen mit drei Promille intus – missionarisches Lästern.

Letzteres haben wir mit Inbrunst ein Jahr lang betrieben mit einem Restaurant, das eigentlich ein großer Liebling als Bar ist: »Mr. and Mrs. Bund«.

Toll gelegen, tolle Cocktails, tolles Ambiente, wenig Arschnasen und super Service – nur hatten wir den Versuch, auch mal dort zu essen, schwer bereut. Es war so schlecht und so unverschämt, dass wir sofort zu Food-Faschisten wurden.

Wir haben beide ein Jahr lang nichts unversucht gelassen, den Laden schlechtzumachen. Jeder Bekannte, den wir bekehren konnten, nicht dort zu essen, ein kleiner Gewinn. Jeder Gast weniger ein Triumph.

Ganz Schanghai schwärmt schon seit der Eröffnung vom dortigen Essen, Stadtmagazine und Gourmetkritiker geben immer die volle Punktzahl, und die Stadt ist sich wirklich mal einig: »Mr. und Mrs. Bund« ist mit das beste Restaurant Schanghais. Warum, weiß ich nicht, aber man wird nach schlechten Erfahrungen ein bisschen bockig. Egal was die anderen sagen, ich hätte mich am liebsten mit einem Transparent vor die Tür gestellt und protestiert. Drecksladen.

Kürzlich haben wir besagtem Drecksladen, eher spontan und unfreiwillig, dann doch noch einmal eine Chance gegeben und sind zum Abendessen hingefahren, mit einer Erwartung noch weit unter Zahnarztbesuchsniveau.

Und wie falsch wir lagen!

Alles, wirklich alles, war so unfassbar gut, dass ich jetzt noch jeden Gang loben, wenn nicht gleich ganze Oden darüber schreiben möchte: Steak tartare, bei dem ganz Frankreich mal schön üben gehen kann. Eine Riesengarnele, mit der ich fast durchbrennen würde. Steak mit einer Sauce béarnaise, die ganz sicher dem Weltfrieden zuträglich wäre. Sogar der Spinat war göttlich. Spinat!

Zudem war es zwar nicht billig, aber auch nicht unverschämt teuer. Kurz gefasst: Wir hatten unrecht. »Mr. und Mrs. Bund« ist Wahnsinn. Geirrt und zu Unrecht gelästert. Doppelzonk. Und wie ich es hasse, unrecht zu haben.

Trotzdem halte ich an meinen Attentatsplänen für Jean Georges fest. Die muss ich jetzt allein schon fertig machen, um mein Ego zu beruhigen.

Das Reich der Bequemlichkeit

Ich denke, wir sind in China ein wenig agiler als in Deutschland. Mag am Angebot liegen, der Angst, etwas zu verpassen, oder dass es länger dauert, bis man hier alles gesehen hat. Schanghai ist eben doch nicht Darmstadt. Mindestens drei bis vier Tage die Woche sind wir abends unterwegs. Restaurants, Bars, Events – für Partyhasen und Wine-&-Dine-Freunde ist Schanghai ein Paradies. Wahrscheinlich sehen alle Expat-Veteranen allein schon deshalb zehn Jahre älter aus.

Das Gegenteil ist sogar noch einfacher: nichts tun. Sich nicht vom Sofa rühren – ultimative Faulheit. Außer einem Telefon und Internetzugang braucht man nichts zur völligen Regungslosigkeit.

Die unnachahmliche Mischung aus chinesischem Geschäftssinn, niedrigen Lohnkosten und absurdem Marktpotenzial ergibt in Summe den Heiligen Gral aller Couch-Potatoes. Wer Service in den USA bewundert hat, wird China lieben (zumindest Schanghai, Peking und Guangzhou). Es gibt nichts, was nicht geliefert, geholt oder von jemand anderem erledigt werden kann, wenn man denn möchte. Leider macht das auch aus vielen Expats eklige Kolonialherren, aber das ist ein anderes Thema.

Die Krone der Bequemlichkeit verdient haben ...

Sherpa's

Die Mutter aller Lieferdienste. Warum in Deutschland noch keiner darauf gekommen ist, ist mir ein Rätsel. Vielleicht habe ich Dorfkind es aber bisher einfach noch nirgends gesehen.

Einfach ein Lieferdienst, der das Angebot unzähliger Restaurants konsolidiert. Egal ob kantonesisch, italienisch oder norduigurisch: Sherpa's hat's. Die Bestellung ist ultimativ einfach: Per Telefon und einem monatlich erscheinenden Büchlein oder direkt online bestellen – spätestens nach 45 Minuten steht ein Bote auf Roller mit leckerem Essen vor der Tür.

Verlangen nach Pasta alla carbonara ereilt mich seitdem manchmal urplötzlich. Dank Sherpa's kann ich dem auch sofort nachgeben. Sehe bald aus wie das Michelin-Männchen, aber auch Personal Trainer kann man online bestellen. Im Sommer dann.

Taobao

Ist Chinas eBay und Amazon in einem. Sieht aus wie die digitale Version eines Aldi-Beilegers auf einem LSD-Trip gestaltet, ist aber mit das Genialste, was Chinas Unternehmer je hervorgebracht haben.

Taobao ist so umfangreich und so schnell, dass es jeder nach 1980 Geborene fast täglich benutzt. Sie bestellen sogar einen Becher Sojamilch online. Dank meines peinlich geringen Chinesisch-Wissens bin ich auf Hilfe angewiesen, aber es ist toll. Wenn auch nicht ohne Tücken. Letztes Jahr haben wir unseren Weihnachtsbaum bei Taobao bestellt – er wurde zwei Tage später geliefert. Leider sah er eher nach postapokalyptischem Grabschmuck als nach stolzer Nordmanntanne aus, aber bei Taobao kosten Lichterketten nur ein paar Cent. Oh Tannenbaum.

Die Ayi

Ist wie erwähnt der chinesische Ausdruck für »Hausmädchen« (wörtlich übersetzt »Tante«) und einfach wunderbar. Ich habe sie ja schon ein paarmal erwähnt, aber eigentlich müssten wir ihr einen eigenen Schrein bauen.

Kaum etwas, was China angenehmer macht – und einen mehr verlottern lässt. Jeder Besserverdienende hat eine Ayi (und Einkommen über 150 000 gelten hier als reich. Das sind Yuan, also etwa 1400 Euro im Monat).

Meist rekrutieren sich Ayis aus den über 150 Millionen Wanderarbeitern aus der Provinz, die des Geldes wegen in die Stadt gezogen sind (und wirklich kein leichtes Leben haben). In Schanghai kommen eigentlich alle Ayis aus Anhui.

Ayis kosten in etwa acht bis zehn Yuan die Stunde. Rund einen Euro. Zu uns kommt sie dreimal die Woche und sorgt für fantastische Grundreinheit. Häufig lebt die Ayi bei der Familie und kocht zudem oder kümmert sich um die Kinder – Familien mit mehreren Ayis sind nicht selten.

Wir lieben unsere Ayi abgöttisch, weil sie nicht nur eine große Hilfe, sondern auch ein wundervoller Mensch ist, und wir versuchen, ihr im Gegenzug die Arbeit so angenehm und einfach wie möglich zu machen. Wir sind faule, aber sehr dankbare Schweine. Leider ist unsere Gruppe damit in der Unterzahl.

Wie häufig sich (besonders deutsche) Expats über ihre Ayi beschweren, ist erschreckend. »Wie schlecht sie geputzt hat«, »Wie ätzend sie guckt« – manche können sich stundenlang darüber auslassen. Es ist furchtbar beschämend, einem solchen Gespräch beiwohnen zu müssen. Statt sich zu freuen und dankbar zu sein, ein Leben zu führen, das wir alle in Deutschland sicher nicht führen könnten – deutsches Gemotze. Das böse Erwachen folgt dann zurück in Wuppertal, hoffe ich.

Eigentlich sind das alles aber nur kleine, bruchstückhafte Beispiele. Natürlich ist Schanghai laut, hektisch, ungesund und nicht gerade eine Alpenidylle. Aber es ist auch aberwitzig bequem. Selbst kleinste Alltagsdinge werden noch einen Tick leichter.

Zwischen dem Gedanken an McDonald's und einen Big Mac in der Hand halten liegen ein Anruf, 50 Cent und 10 Minuten. Schneller geht es noch, wenn man bei der Bestellung sagt: »Ich habe großen Hunger.«

Tierfutter und Getränke sind schwerer als Baguette. Liefern lassen am selben Tag ist dank Cityshop online kein Thema.

Maßhemden, die man telefonisch nachbestellen kann, sind schon fast nicht mehr beeindruckend. Wachsfiguren in Lebensgröße, Kaschmirpullover und Möbelstücke maßgefertigt für einen Bruchteil des europäischen Preises habe ich in Frankfurt aber noch nicht entdeckt.

Tobsuchtsanfälle am Media-Markt-Reklamationsstand kann man hier vergessen. Hier kommt jemand vorbei und bringt zwei Tage später den Ersatz. Für einen Appel und ein Ei.

China kostet manchmal Nerven. Aber es macht es häufig auch mehr als wett. Ein verwöhntes »Danke« vom Laowai.

Mein Medizinmann

Kürzlich habe ich gelesen, dass wenn man über dreißig ist und einem beim Aufwachen nichts wehtut, man wahrscheinlich tot ist. Mein Körper sollte eigentlich noch fünfzig Jahre halten – ich bezweifle, dass er die nächsten fünf übersteht.

In jedem Fall haben sich die letzten Jahre Verschleißerscheinungen bemerkbar gemacht. Ein paar davon sind mehr als unangenehm. Nierensteine zum Beispiel. Ich will weder ins Detail gehen noch jammern, aber auf der medizinischen Schmerzskala spielen nur noch Geburt und Tumorschmerzen in der gleichen Liga. Überraschend schmerzhaft.

Dementsprechend wenig begeistert war ich, als ich vor einigen Wochen ein paar Anzeichen entdeckte, die mir sehr bekannt vorkamen. Also zum Arzt.

In China zum Arzt gehen ist ein Thema für sich. Im Grunde gibt es nur zwei Adressen, wenn man nach westlichem Standard behandelt werden will (und ohne arrogant klingen zu wollen: Das will man): Parkway Health und United Family. Nur dort findet man nach internationalem Standard ausgebildete Ärzte (meist sind es Ausländer), die die nach internationalem Standard funktionierenden Geräte auch bedienen können. Das klingt nach westlicher Laowai-Arroganz, aber nicht mal Chinesen gehen in chinesische Krankenhäuser, wenn es sich vermeiden lässt.

Parkway Health ist toll. Mehr Hotel als Krankenhaus. Sehr schick, sehr ruhig, sehr nett, sehr professionell – sehr teuer. Nach einer Stunde Diagnose mit modernen und teuren Geräten eröffnet mir mein amerikanischer Arzt: »I can see many kidney stones and anticipate a lot of pain. Not really much we can do right now.« Wusste ich eigentlich schon vorher, jetzt habe ich es amtlich für umgerechnet 600 Euro.

Ich halte nicht viel von alternativer Medizin. Die meisten Alternativmediziner sind für mich Irre mit Überzeugung und einem gesunden Achtelwissen von Unsinn. Angesichts der mir bevorstehenden Schmerzen wollte ich jedoch nichts unversucht lassen und erinnerte mich daran, dass China schließlich eine fünftausendjährige Kultur und Erfahrung hat und die Alten hierzulande wirklich erstaunlich fit sind. Kein Mensch an Krücken, alle im Park an Sportgeräten. Vielleicht ist das auch einfach auf den darwinistischen Straßenverkehr zurückzuführen, aber egal, ich versuche es.

Also gebe ich der traditionellen chinesischen Medizin – TCM – eine Chance. Ein Kollege von mir hat auch gleich einen heißen Tipp: Dr. Soong.

Dr. Soong ist Arzt in einer netten, schicken kleinen »Klinik« in der French Concession. Ein umgebautes Lane House, sehr stylish und ruhig. Wassergeplätscher und beruhigende Musik, mehr Ibiza-Villa als OP-Raum. Schon mal nicht schlecht.

Die Anamnese ist harmlos. Dr. Soong fühlt meinen Puls mit drei Fingern und stellt mir dabei Fragen. Merkwürdige Fragen.

»Do you dream a lot?«

»Yes.«

»What is your digestion like in the morning?«
»Normal?«
»Do you have headaches?«
»No.«
»Do you drink a lot?«
»Yes.«
»What do you drink?«
»Beer.«
»Can you stop it?«
»Yes.« (Wenn auch nur widerwillig.)

Dann schaut er sich noch meine Zunge an, meint, dass Nierensteine typisch für Laowais sind, und schickt mich zur Behandlung. Eine Erfahrung für sich.

Ich soll mich ausziehen, ein pyjamaartiges Etwas anziehen und mich auf eine Pritsche legen. So weit, so einfach. Langsam wird mir aber doch etwas mulmig, weil niemand mehr Englisch spricht und augenscheinlich Dinge für mich vorbereitet werden: Nadeln, streng riechende Pasten und kleine Fackeln. Sehr vertrauenserweckend.

Die Behandlung an sich ist zwar merkwürdig, aber simpel: Dr. Soong steckt knappe zwanzig Nadeln in diverse Stellen meines Körpers. Hatte irgendwann mal gelesen, Akupunktur sei schmerzlos. Ist sie nicht.

Als Nächstes wird mir der Bauch rasiert und mit einer heißen Paste bestrichen. Dann kommt eine Art blecherner Becher darauf, der mit Fackeln vakumiert wird, sich festsaugt und von oben angezündet wird. Heiß.

So lässt man mich erst mal liegen. Sehe aus wie ein Mettigel in Flammen und kann mich nicht gefahrlos rühren, aber vielleicht ist das auch Sinn der Sache.

Anschließend dreht man mich um und macht das Ganze noch mal von der anderen Seite. Danach kommt eine Dame mit Spritzen. Gegen Spritzen habe ich im Grunde nichts, Spritzen in China sind jedoch eine andere Sache. Hier werden gerne mal Nadeln mehrmals verwendet. Meine Abwehrhaltung schwindet, als sie mir die steril verpackten Spritzen zeigt und fließend Englisch spricht. Nur subkutan – sollte gehen.

Nachdem sie gelbe und rote Flüssigkeit kunstvoll unter meiner Haut verteilt hat und ich aussehe, als würde mich meine Frau prügeln, darf ich gehen.

Das Ganze mache ich sechs Wochen lang, einmal die Woche. Nicht wirklich angenehm, aber durchaus erträglich. Aber dann der Hammer: Ich bin völlig beschwerdefrei. Nicht nur das Ursprungsleiden, sondern auch alle anderen Wehwehchen. Weg. Verschwunden. Geheilt!

Ich habe keinen Schimmer, wie das funktioniert. Es hat was mit dem Qi zu tun, den Energiebahnen im Körper. Ich glaube an Qi genauso wenig wie an das fliegende Spaghettimonster. Aber wenn es hilft, ist es mir gleich.

In Sachen TCM zumindest bin ich bekehrt. Die nächsten fünfzig Jahre – bring them on!

Knigge weint

Seit wir hier sind, haben wir kleine Alltagstraditionen eingeführt – eine davon ist, mindestens einmal die Woche etwas zu besuchen, das wir noch nicht kennen. Zu unserer Schande sind dies in den seltensten Fällen Museen oder Kulturoasen, sondern meist Restaurants oder Bars. Bei näherer Überlegung macht dies aber auch mein morgendliches Entsetzen auf der Waage weniger überraschend.

Gestern sind wir auf diese Weise auf ein nettes Restaurant auf der Nanjing Rd. gestoßen: Yun's Fusion.

In chinesisch-schickem Ambiente bei fast fantastischem Essen hatte ich eine Blitzerkenntnis: Meine Manieren sind tot. Man gewöhnt sich hier so vieles an, es fällt einem nicht immer auf. Nachdem ich jedoch quer durchs Lokal nach dem Kellner gerufen habe und mir beim Anzünden einer Zigarette unter dem Nichtraucherschild das Menü habe bringen lassen, um gleichzeitig nach einem Aschenbecher zu schnippen – ein kurzer Moment der Erkenntnis. Totale Verrohung.

Benimmregeln für China gibt es zuhauf, ich habe allein drei Bücher gelesen, in denen ausgiebig chinesische Tischetikette behandelt wurde. Die meisten Tipps waren drollig, aber wenig hilfreich:

* Stäbchen nicht in den Reis stecken, das erinnert an Grabschmuck. (Hat das überhaupt schon mal jemand

gemacht? Ich pflanze mein Messer ja auch nicht stolz in ein Steak.)

- Peinlich genau auf die Haltung am Tisch achten. Alles hat seine Ordnung. (Bei wirklich wichtigen Banketten vielleicht, aber Chinesen machen eigentlich auch bei einem Geschäftsessen nicht viel Gewese.)
- Nicht mit Stäbchen auf den Gesprächspartner zeigen. (Wer so etwas allen Ernstes in Erwägung zieht, ist meiner Ansicht nach ohnehin noch nicht bereit für die Einnahme von Mahlzeiten ohne Lätzchen und Schnabeltasse.)

Wer nicht gerade im Dschungel aufgewachsen ist und ohne Aufsicht aus dem Haus darf, sollte ein Essen auch in China eigentlich unbeschadet überstehen.

Was einem hingegen niemand sagt, ist, wie sehr sich das eigene Verhalten hier verändert. Rücksicht und Höflichkeit werden theoretische Konzepte.

An einem einzigen Abend sind mir gleich mehrere Dinge aufgefallen, für die ich mich in Deutschland in Grund und Boden geschämt hätte, die ich in China aber schamlos ständig tue. Teilweise zeitgleich.

Nichtraucherschutz? Pah. Dass China für Raucher ein Paradies ist, hat sich ja schon rumgesprochen. Ein Päckchen kostet 70 Cent, und Raucher stehen sogar in ausgewiesenen Nichtraucherrestaurants sicher nicht draußen. In Deutschland achtet man auch im Raucherbereich darauf, nicht alle beim Essen zuzuqualmen. Hier sieht einen niemand scheel von der Seite an, wenn man sich, während man isst, eine Zigarette anzündet.

Im Mai hat man es in Schanghai mal wieder versucht – in der Theorie gilt in allen Bars und Restaurants striktes Rauchverbot. Fragt man, ob man dennoch rauchen darf, wird dies natürlich verneint. Die chinesische Variante: Zigaretten anzünden, selbst wenn man direkt unter drei Hinweisschildern sitzt, und entweder unverschämt einen Aschenbecher bestellen oder so lange den Boden benutzen, bis jemand freiwillig einen bringt.

Der arme Knigge! Ich bin nicht im neunzehnten Jahrhundert in Preußen aufgewachsen, unsere Eltern haben dennoch viel Wert auf Tischmanieren gelegt: Ellenbogen vom Tisch, nicht schlürfen, nicht kleckern, nicht schmatzen, nicht wie eine Sau vorm Trog am Teller hängen.

Nach einem Jahr Schanghai tue ich all dies fast täglich. Fällt einem gar nicht auf, schleicht sich so ein. Liegt vermutlich daran, dass Westler im Vergleich zu Chinesen dabei sogar fast noch manierlich aussehen, und es auch wirklich schwer ist, Spareribs würdevoll mit Stäbchen zu essen.

■ *Vordrängeln:* Was haben wir sie schon verflucht! Wuselige Chinesen, die einen jeden Tag aufs Neue abdrängeln, sich eiskalt vordrängeln und mogeln. Richtig boshaft wird der Straßenkampf bei Regen auf der Suche nach einem Taxi. Kurz nachdem wir nach Schanghai gezogen sind, waren wir noch ganz höflich, schon ein Jahr später gilt das Gesetz des Dschungels:

Eine Woche nach Ankunft in Schanghai:

»Ich glaube, der Herr da vorne war vor uns – wir nehmen das nächste Taxi.«

Ein Jahr nach Ankunft in Schanghai:

»Schneller, wir müssen die beiden **** da vorne noch überholen, und pass auf, dass die Alte da hinten nicht noch aufholt.«

■ *Kolonialherrentum 2.0:* Ich habe es schon mehrmals erwähnt: Wir lieben unsere Ayi. Sie sorgt an drei Tagen die Woche für herrliche Grundreinheit im Haus, und wir begegnen ihr mit ausgesuchter Höflichkeit, kleinen Geschenken und Freundlichkeit. Damit stellen wir hier eine große Ausnahme dar. Was wir jedoch hier schnell übernommen haben: das Ignorieren, dass jemand um einen herumputzt. In Deutschland hatte ich schon ein schlechtes Gewissen, zur gleichen Zeit im Haus zu sein wie unsere Putzfrau – das sieht so nach Großgrundbesitzerallüren aus. Hier gewöhnt man sich schnell an, gemütlich auf dem Sofa sitzen zu bleiben und höchstens die Beine zu heben, während andere um einen herumputzen. Wirklich peinlich.

China verändert einen wirklich. Ob diese Erkenntnis tröstlich oder sogar hilfreich ist, wird sich zeigen. Sollte ich im nächsten Jahr ungeniert meinen Gesprächspartner anrülpsen oder alle zwei Minuten irgendwo hinspucken, weise ich mich freiwillig selbst einen Monat in einer Schweizer Hotelfachschule ein.

Deutschtümelei

Manchmal erwischt einen die Erkenntnis ja eiskalt. Wie der erschreckende Blick in den Spiegel, der einem auf einmal die unschöne Erkenntnis ins Gesicht haut: »Ja, du bist alt geworden. Und fett.«

Aber das ist ein anderes Thema. Eine Einsicht ganz anderer Art hatte ich vor Kurzem: Man wird hier deutscher, als man es in Deutschland jemals sein könnte. Und das ist wirklich nicht schön.

Ich habe Spießigkeit in jeder Form eigentlich schon immer belächelt. Fand ich irgendwie drollig, sich darum zu scheren, was die Nachbarn denken, pünktlich am Samstag das Auto zu waschen oder den Vorgarten zum Stolz der Reihenhaussiedlung zu machen. Nicht dass Kleingartenvereine oder Kegelclubs tragisch wären, es war aber eben nicht wirklich meins.

In Schanghai entdecke ich tausend Dinge, die mich zu einem deutschtümelnden Kleinbürger erster Güte machen.

■ *Übertriebende Pünktlichkeit:* Pünktlichkeit war für mich bisher ein eher abstraktes Konzept. Ich möchte nicht wissen, wie viele Tausend Stunden ich schon Menschen auf mich habe warten lassen. Hier könnte man nach meinem Meetingerscheinen die Uhr stellen. Gruselig.

■ *Überhöhung der deutschen Küche:* Wir essen hier wenig deutsch. Auch recht wenig andere westliche Küche.

Dafür ist das Essen in Asien einfach zu großartig und abwechslungsreich. Trotzdem kriegen wir hier etwa drei- bis viermal im Jahr Heißhunger auf Urdeutsch: »Pappa's Bierstube« ist schon wirklich ein entsetzlicher Name für ein Restaurant – in Schanghai wird das nicht besser. Zu Hause habe ich mich aber auch noch nie dabei ertappt, stundenlang von einer Schweinshaxe zu schwärmen. Dabei ist die deutsche Küche in etwa so raffiniert und exquisit wie chinesische Autobahnen fußgängerfreundlich sind.

■ *Arbeit als schlampig abtun:* In Deutschland wäre mir der Satz »Also das Stromkabel/Parkett/Gartenhäuschen kann man aber auch ordentlicher machen« *niemals* über die Lippen gekommen. Ich habe in meinem Leben ein einziges Mal eine Wohnung renoviert – und das Ergebnis war niederschmetternd: Fliesenfugen so groß wie kleine Länder. Strominstallationen, die einen Blackout im ganzen Haus verursacht haben (mehrfach). Tapezierarbeiten, die abstrakte Reliefs geworden sind. Die jahrelange bange Frage, ob die Unebenheit im Teppich nicht vielleicht doch ein Hamster sein könnte. Kurz: Ich sollte, was handwerkliche Fähigkeiten anbelangt, mal schön still sein. Kann ich hier aber nicht.

Gut, vielleicht provozieren mich unsere chinesischen Arbeiter in Haus und Garten ein wenig mit quer durch den Garten gespannten Satellitenleitungen, offenen Starkstromkabeln im Rasen oder Reparaturen, die zu 95 Prozent mit Bindfaden und Klebeband vonstattengehen. Warum ich hier aber oft wie ein Oberlehrer aus der Berufsschule darauf reagiere – keine Ahnung.

Um Strandburgen zu bauen, fehlt der Strand, und um Handtücher um sechs Uhr morgens auf Hotelliegen zu legen, fehlen die Sonnenliegen. Was vielleicht auch gar nicht so schlecht ist. Bleibt der Garten.

In Sachen Gartenarbeit lasse ich mittlerweile jeden Kleingartenvorstand alt aussehen. Ich habe keine Ahnung warum, aber irgendwann hat hier eine Obsession mit Gartenpflege eingesetzt – was im Übrigen auch mein kathartischer Moment war: Ich habe, ohne weiter darüber nachzudenken, allen Ernstes drei verschiedene Rasensprenger gekauft, um zu sehen, welcher die optimale und einfachste Gartenbewässerungsalternative ist. Rasensprenger!!! Ich weiß nicht, was als Nächstes kommt, gesund kann es aber nicht sein. Es ist von hier nur noch ein kleiner Schritt zum Gartenzwerg.

Ich habe keine Ahnung woran das liegt. Vielleicht eine Übersprungshandlung. Psychologisch aber sicher interessant. Möglicherweise liegt es an der Andersartigkeit der Umgebung: Je exotischer, desto mehr deutsch kommt raus. Ich muss mal herausfinden, ob deutsche Expats in Indien vielleicht Pickelhauben tragen.

Griechischer Wein

Als wir Deutschland den Rücken gekehrt haben, waren wir nicht mal unbedingt so traurig darüber: Nachbarn, die einem den Müll durchwühlen, um sicherzustellen, dass wir nicht doch den Joghurt mit dem grünen Punkt in die falsche Tonne geworfen haben, Winter von Oktober bis Mai, Zwangswinterschlaf jeden Sonntag und das öffentlich-rechtliche Fernsehen haben schon andere aus dem Land getrieben. Daher waren wir in Schanghai von jeher eigentlich sehr bemüht, unseren neuen Bekannten- und Freundeskreis etwas weiter zu fassen und nicht nur mit Deutschen unterwegs zu sein. Denkste. Nach drei Jahren Schanghai sind drei Viertel der Menschen, mit denen wir regelmäßig etwas unternehmen, Deutsche, und das ist noch nicht mal schlecht so: Es macht einfach Spaß, sich in der eigenen Sprache zu unterhalten, wenn man sonst fast ausschließlich Englisch spricht und wenn man sich nicht gerade die größten Spießbürger aussucht (von denen es in Schanghai wahrlich genug gibt), kann man mit Deutschen doch sehr viel Spaß haben, unsere wunderbaren Freunde in der Stadt sind Beweis genug. Die Kombination jedoch von Tausenden guten und günstigen Restaurants, des fast allabendlichen Wunsches, ein bisschen Frust abzulassen, und dass beinahe ausnahmslos alle Expats sehr spontan und unternehmungslustig werden, hat eine fatale Nebenwirkung: Man trinkt wie ein Rudel russischer Matrosen auf Landgang. Wir waren schon immer recht feier-freudig, aber was man hier so in einer Woche in sich reinkippt, ist schon erschreckend. Kürzlich hatten wir, wie häufiger, zu uns nach Hause zum Grillen eingela-den. Was zu Hause ein netter Abend mit einem Bier wäre, wird in Schanghai regelmäßig zu einem Gelage, gegen das Spring Break wie ein Chortreffen aussieht. Dabei verläuft der Abend immer ähnlich:

Maßlose Gastgeber und Gäste
Nach Ansicht meiner Frau ist mein größtes psycholo-gisches Problem meine soziale Urangst, einer meiner Gäste könnte nicht genügend zu essen oder trinken bekommen. Hatte ich schon immer, hier in Schanghai ist das nicht besser geworden.

Als wir kürzlich vier Freunde eingeladen hatte und ich meinen Einkauf von einem Lammkarree, einem Kilo Huhn, zwölf Würstchen, zwei Pfund Hackfleisch und mehreren Steaks so betrachtete, muss ich gestehen, dass sie vielleicht ein klein wenig recht hat.

Dazu kommt, dass nicht nur ich viel zu viel ein-kaufe, sondern all unsere Gäste zudem noch viel zu viel mitbringen. Was einerseits einer von Tausenden Gründen dafür ist, warum sie mir alle so ans Herz gewachsen sind, andererseits aber auch dazu führt, dass jedes Mal, wenn wir Besuch bekommen, es aus-sieht, als würden wir uns für die Apokalypse vorbe-reiten.

Was weg muss, muss weg
Wären wir alle vernünftige Menschen in einem ratio-
nalen Umfeld, würde man natürlich die Hälfte gar
nicht erst anfassen und aus dem Vorrat einer Party
eben drei machen. Hat hier noch nie geklappt. Was da
ist, wird auch gegessen und viel schlimmer noch: getrunken. Die Bestandsaufnahme am Morgen danach:
Wir haben mit vierzehn Leuten fast dreißig Flaschen
Wein vernichtet. Von Gin, Rum und Wodka mal ganz
zu schweigen. Dabei hatten wir Schwangere dabei,
die natürlich rigoros abstinent geblieben sind. Ich
habe in meinem Leben noch nie so viel gesoffen
wie in China, erschreckend. Dabei ist es nicht mal so,
dass wir oder unsere Gäste unkontrolliert und lallend
durch die Gegend fallen, es ist alles sehr zivilisiert und
lustig. Die Leber wächst wohl tatsächlich mit ihren
Aufgaben, ich schätze mal, jeder Expat in Schanghai
kann es in Sachen Trinkfestigkeit nach einem Jahr locker mit einer ukrainischen Jagdgesellschaft aufneh-
men.

Schlager
Ich hasse Schlager. Sowohl die grauenvollen Originale
aus den Siebzigern, als auch die ach so witzigen Rein-
karnationen wie Dieter Thomas Kuhn. Daher kann
ich es um so weniger verstehen, was in meinem alko-
holbenebelten Gehirn vor sich geht, wenn ich mit
einer Regelmäßigkeit, nach der man die Uhr stellen
könnte, zu wirklich jeder Party mindestens einmal
Udo Jürgens »Griechischer Wein« und »Ich war noch
niemals in New York« gespielt habe. Mit dem ewig gleichen Ergebnis: Mehrere reichlich angeheiterte, durch
die Bank gebildete und erfolgreiche Deutsche in ge-

mischtem Alter krakeelen selig mit. Ich habe mir ver-
wackelte Videoaufnahmen von solchen Abenden angesehen, es ist kein hübscher Anblick, aber schön war's
dennoch.

Meine Frau hat das Neuankömmlingen zu Partys in
unserem Haus schon öfter gesagt: »Dieses Haus hat
noch kaum jemand hungrig oder nüchtern verlassen.« Sie hat bisher recht behalten. Auch wenn es natürlich ungesund, kindisch und bedenklich ist: Ich
glaube nicht, dass wir in Deutschland auf Feiern so
viel Spaß hätten und je wieder haben werden, sollten
wir irgendwann zurückgehen. Für den Moment kann
ich nur sagen: Ich freue mich auf das nächste Fest mit
unseren fabelhaften Freunden. Auch wenn ihr mich ins
Grab bringt.

Schanghai ist nicht genug

Am schwersten zurück nach Deutschland zu gehen, macht wohl die Tatsache, dass wir jetzt angefixt sind. Ich wollte ja eigentlich nie weg aus Deutschland, im Grunde nicht mal aus Darmstadt. Zumindest nicht auf Dauer. Mittlerweile kann ich mir ein Leben ohne Aufregung, Unverständnis und ständige Anpassung nicht mehr vorstellen. Zudem haben wir so viele Städte und Gegenden gesehen, die nur noch Lust auf mehr machen.

Peking – ein Albtraum für jeden atmenden Menschen, aber die besten Bars und Restaurants, die ich bisher besuchen durfte.

Xiamen – eine kleine Insel mit frischer Seeluft und der merkwürdigen Delikatesse »Sandwurm in Aspik«.

Hangzhou – eine Sieben-Millionen-Stadt, die glaubt, ein Bergdorf mit See zu sein.

Shenzhen – die größte Kopie der Welt. Andere fälschen eine Rolex, China fälscht Singapur.

Hongkong – die tollste Stadt Chinas. Auch wenn einem ein echter Hongkonger auf die Nase haut, wenn man ihm das sagt.

Guangzhou – die wahrscheinlich größte Megacity der Welt, die im Grunde nur einen Turm und viele Fabriken vorzuweisen hat.

Wenn ich die Städte Chinas aufzähle, von denen ich sagen kann, dass ich sie kenne, fällt mir eigentlich nur eines auf: Es gibt noch so vieles in China zu entdecken.

Ich freue mich darauf.